Dr. Katharina Turecek, MSc. | Mag. Birgit Peterson

WIFI WKO

WIFI-LERNBUCH

LEbendig und NAchhaltig lernen

KRENN

VORWORT

Warum Lernen-können heute eine Schlüsselkompetenz ist

Jedes Unternehmen braucht sie: innovative Mitarbeiterinnen und Mitarbeiter, die Dinge selbstständig vorantreiben, laufend frisches Know-how einbringen und ihr Wissen auch umsetzen können. Denn wir befinden uns mitten im Strukturwandel hin zu einer dynamischen Wissensgesellschaft. Die Zeitspanne, nach der Wissen nur mehr die Hälfte wert ist, liegt bei Hochschulausbildungen im Schnitt bei zehn Jahren, bei Technologiewissen bei drei Jahren und in der EDV und IT nur mehr bei einem Jahr. Spezialisierungen nehmen zu: Laufend entstehen neue Berufsfelder und Anwendungsmöglichkeiten, von denen vor wenigen Jahren noch niemand zu träumen wagte.

Wir alle stehen also vor der Herausforderung, lebensbegleitend zu lernen. Dafür braucht es geeignete Rahmenbedingungen. Die Lern- und Hirnforschung beschäftigte sich in den letzten Jahren besonders intensiv damit, wie das Lernen von Erwachsenen funktioniert.

Eine der wichtigsten Erkenntnisse lautet, dass Lernen kein passiver Vorgang, sondern ein aktiver Prozess ist. Genau diesen Prozess unterstützen wir am WIFI im Rahmen unseres neuen Lernmodells LENA: Denn Menschen, die selbstgesteuert lernen, erwerben so ganz nebenbei eine Vielzahl von Kompetenzen, die in der Wirtschaft immer stärker gebraucht werden.

Wer am WIFI lernt, wird sich durch das Lösen praktischer, relevanter Herausforderungen bewusst, dass er oder sie etwas bewirken kann. Das hilft Ihnen im Beruf wie im Privatleben dabei, Ziele zu erreichen, Verantwortung zu übernehmen und Probleme zu lösen. Durch die Arbeit an praktischen Fallbeispielen merken Sie sich Dinge nachhaltiger und können Wissen sofort umsetzen. Außerdem stärken Sie Ihre Kommunikations- und Kooperationsfähigkeit.

Den Erfolg des neuen Lernens werden vermutlich am schnellsten die Unternehmen/die Arbeitgeber merken. Denn wer beim WIFI war, traut sich mehr zu und agiert innovativer.

Doch profitieren können wir alle von mehr Selbstlernkompetenz. Diese Schlüsselkompetenz des 21. Jahrhunderts wird uns den Weg in die Wissensgesellschaft ebnen.

Karl H. Pisec, MBA
Kurator WIFI Österreich

VORWORT

Lernen darf Spaß machen!

Haben Sie gewusst, dass wir rund 80 % dessen, was wir wissen und können, außerhalb von Schule und Berufsausbildung lernen - und zwar durch Erfahrungen? Wir können nämlich gar nicht nicht lernen. Die Menschheit hat nur deshalb überlebt, weil wir lernfähig sind und uns an unterschiedliche Umgebungen anpassen können.

Genau dieses natürliche Erfahrungslernen können wir nutzen, um die Aus- und Weiterbildung lebendig und nachhaltig zu gestalten. Klassische Frontalvorträge, das „Vorbeten" von Theorie – das war immer schon mäßig wirksam. Wer hingegen eine persönliche Erfahrung macht, selbst etwas ausprobiert, Neues mit vorhandenen Erfahrungen verknüpft, kann sich Neues viel besser einprägen.

Dafür brauchen Sie die Motivation und die Fähigkeit, sich Wissen aktiv und eigenverantwortlich zu erarbeiten. Und genau hier liegt auch der Schwerpunkt des neuen WIFI-Lernmodells LENA – LEbendig & NAchhaltig, an dem ich als wissenschaftlicher Begleiter mitgearbeitet habe.

Sie und Ihr persönlicher Lernprozess stehen im Vordergrund. In einer wertschätzenden Atmosphäre entwickeln Sie Lösungen für praktische Beispiele aus Ihrem beruflichen/persönlichen Umfeld. Innovative Lernmethoden unterstützen Sie in Ihrem individuellen Lernprozess. Freuen Sie sich auf Projektarbeiten, Thesenrallyes, Gruppendiskussionen und vieles mehr – Sie werden sehen, dass Lernen auch Spaß machen darf! Gleichzeitig trainieren Sie auf diese Weise das Lernen selbst und gewinnen damit genau jene Kompetenzen, die Sie für Ihren Erfolg im Beruf brauchen.

Mit dem Lernmodell LENA nimmt das WIFI auch im internationalen Vergleich eine Vorreiterrolle in der Erwachsenenbildung ein. Denn Lernen beginnt hier nicht erst im Kursraum – und hört dort auch nicht auf. Eine beeindruckende Vielzahl von begleitenden Angeboten von Lernberatung bis Nachbetreuung unterstützt Sie auf Ihrem Weg zum Lernerfolg – das vorliegende Lernbuch ist eines davon.

Ich wünsche Ihnen viel Spaß beim lebendigen und nachhaltigen Lernen!

Prof. Dr. Rolf Arnold

VORWORT

- *Sie arbeiten in einem 40-Stunden-Job und wollen nebenbei auch noch eine Ausbildung absolvieren?*
- *Sie haben seit der Schulzeit keine Prüfungen mehr ablegen müssen und fragen sich jetzt, ob Sie noch wissen, wie man lernt?*
- *Sie fragen sich, wie Sie Familie, Beruf und Weiterbildung unter einen Hut bringen können?*
- *Sie wollen wissen, wie Sie sich nach einem langen Arbeitstag noch in einem Seminar konzentrieren können?*
- *Sie sind auf der Suche nach dem notwendigen Handwerkszeug, um Ihren Kurs in der Erwachsenenbildung effizient und erfolgreich zu bestehen?*

Dann ist dieses Buch genau das richtige für Sie! Wir haben das Buch für erwachsene Lernende verfasst – mit der Absicht, all die für die Erwachsenenbildung wichtigen Tipps und Tricks zu vermitteln, die wir selbst gerne schon am Anfang unserer Aus- und Weiterbildungen gewusst hätten. Sie halten hiermit eine Sammlung in der Praxis bewährter Strategien und Methoden in der Hand, gespickt mit zahlreichen Anregungen und Tipps. Probieren Sie sie aus und entscheiden Sie selbst, welche Techniken Ihnen zusagen. Finden Sie Ihren eigenen Weg und erleichtern Sie sich so Ihre Weiterbildung – und auch das Leben danach.

Im Rahmen der Erwachsenenbildung werden zahlreiche Fertigkeiten vorausgesetzt: Vom „Selbst Organisieren" eines funktionierenden „Zeit- und Lernplans" über die erfolgreiche Prüfungsvorbereitung bis hin zur Bewerkstelligung eigenständiger Projekte, Präsentationen oder schriftlicher Arbeiten. Als Kognitionswissenschaftlerinnen haben wir uns intensiv damit auseinandergesetzt, wie effektive Weiterbildung besser funktionieren kann, und zahlreiche Arbeitsmethoden gesammelt, erprobt und optimiert. Zudem hat uns auch der theoretische Hintergrund und die physiologische Basis der untersuchten Lern- und Arbeitsstrategien interessiert: die hier vorgestellten Herangehensweisen entsprechen dem aktuellen Stand der Forschung.

Mithilfe dieses Buches erlernen Sie Selbstorganisationsstrategien und erhöhen Ihre Lernkompetenz. Sie finden heraus, wie Sie Texte sinnerfassend lesen können und gezielt recherchieren. Diese Fähigkeiten sind weitaus bedeutsamer als all das Fakten-Wissen, das Sie sich aneignen werden. Denn Wissen verändert sich heutzutage „stündlich“. Die Lernstrategien dieses Buches werden Ihnen helfen, auch in Zukunft am Ball zu bleiben.

Ihre eigenen Lern-Erfahrungen, Erfolge und Erlebnisse interessieren uns! Sie finden in diesem Buch viele Erzählungen und Erfahrungsberichte von uns persönlich, unseren StudienkollegInnen und TeilnehmerInnen von WIFI-Kursen. Gerne wüssten wir auch von Ihnen, wie Sie bestimmte Situationen während Ihrer Weiterbildung meistern. Und auch Ihr Feedback interessiert uns! Erzählen Sie uns, wie Ihnen unser Buch gefallen hat und was Sie besonders nützlich gefunden haben:

Erwachsenenbildung@a-head.at

Wir wünschen Ihnen viel Erfolg!
Katharina Turecek und Birgit Peterson
www.a-head.at

INHALT

INHALT

INHALT

INHALT

SCHREIBPROJEKTE UND PRÄSENTATIONEN 182

EINLEITUNG

Weiterbildung hat einen Namen: WIFI

Das Wirtschaftsförderungsinstitut der Wirtschaftskammern Österreichs, kurz **WIFI**, ist seit über 60 Jahren der Inbegriff für berufliche Aus- und Weiterbildung in Österreich. Im Lauf der Jahrzehnte haben sich Umfang und Dichte des Kursangebotes stetig erweitert.

Heute können Sie an neun Landes-WIFIs und in über 80 Geschäftsstellen aus 31.000 Kursen, Seminaren und Lehrgängen wählen – ob Sie nun

- *sich in Ihrer Branche höher qualifizieren möchten,*
- *Ihre Persönlichkeit stärken oder*
- *Ihre Sprachkenntnisse vertiefen wollen,*
- *die Berufsreifeprüfung oder den WIFI-Werkmeisterabschluss anstreben,*
- *in der EDV und IT Ihr Können auf den letzten Stand bringen oder*
- *sich im technischen Bereich spezialisieren möchten.*
- *Für Unternehmer und Führungskräfte bietet die Unternehmerakademie vielfältige Unterstützung.*

Übrigens: 20 Prozent des WIFI-Angebotes werden jedes Jahr neu entwickelt und auf den aktuellen Bedarf der Wirtschaft abgestimmt.

Alle WIFI-Aus- und Weiterbildungen orientieren sich an zwei Maximen:

- *am unmittelbaren praktischen Nutzen der Inhalte sowie*
- *an den modernsten Erkenntnissen der Lern- und Kompetenzforschung.*

So festigt sich am WIFI Zug um Zug ein neues Lernverständnis. Mit wissenschaftlicher Unterstützung von Prof. Dr. Rolf Arnold (TU Kaiserslautern), einem der führenden Erwachsenenpädagogen im deutschsprachigen Raum, entstand das **WIFI-Lernmodell LENA – LEbendig & NAchhaltig**. Im Mittelpunkt stehen Sie und Ihre Lernprozesse – denn Ziel ist es, eine Lernkultur zu etablieren, die Sie motiviert und unterstützt, Ihre Entwicklung selbst in die Hand zu nehmen.

Das WIFI-Lernbuch ist für Sie in diesem Zusammenhang ein wichtiger Begleiter. Sie finden darin erprobte Tipps und Anleitungen, wie Sie sich beim Lernen effizient organisieren und sich erfolgreich auf Prüfungen vorbereiten können. Die Selbstorganisation von Zeitmanagement, die für Sie passende Lernumgebung und Konzentrationsübungen sind ebenso Thema wie das Handwerkszeug des Lernens selbst.

Wo Ihre ganz persönlichen Lernstärken liegen und wie Sie diese für Ihre Lernprozesse nutzen, können Sie mit der WIFI-Lernstärkenanalyse unter www.wifi.at/lernen herausfinden: Die Auswertung dieses kostenlosen Online-Selbstchecks liefert Ihnen individuelle Anregungen, wie Sie (wieder) Freude am Lernen gewinnen und es nach Ihren Bedürfnissen gestalten können. Darüber hinaus stehen Ihnen die WIFI-Lernberaterinnen und -berater mit ihrer langjährigen pädagogischen Erfahrung zur Seite.

Mehr Details zum WIFI sowie das jeweils aktuelle Kursbuch inklusive Online-Buchungsmöglichkeit finden Sie unter **www.wifi.at**.

SELBST-ORGANISATION

In der Schule hatten Sie 30 Schulstunden plus Hausübungen. Zusätzlich mussten Sie sich noch regelmäßig auf Schularbeiten, Tests oder Prüfungen vorbereiten. Sie hatten einen verpflichtenden Stundenplan: Sie wurden also „von der Schule organisiert".

Am WIFI ist nur ein Teil der Zeit wirklich Anwesenheitspflicht, Hausübungen sind selten. Deadlines betreffen nur Sie, und mit Ausnahme von Ihnen selbst, interessiert es niemanden, wenn Sie Ihre Projektarbeit nicht abgeben. Anstelle der zahlreichen kleinen Überprüfungen gibt es jetzt wenige, dafür größere Prüfungen. Während des Kurses bekommen Sie also oft wenig Feedback und dann eine einmalige Chance, Ihren Lernerfolg unter Beweis zu stellen.

Wie gehen Sie mit der Zeit um, die Sie sich frei einteilen dürfen?

Andere Voraussetzungen erfordern neue Strategien und vor allem: gute Selbstorganisation. Mit der Freiheit in der Erwachsenenbildung muss man umgehen können. Darum beginnt dieses Buch damit, optimale Arbeitsvoraussetzungen für Ihre Aus- und Weiterbildung zu schaffen.

In diesem Kapitel erfahren Sie, wie Sie Ihre Zeit zielgerichtet einteilen und Ihre Planung einhalten. Setzen Sie sich damit auseinander, wo Sie gerne lernen, schreiben oder nachdenken und wie Sie Ihren Arbeitsplatz praktischer gestalten können. Finden Sie heraus, wie Sie sich selber motivieren und Ihre Konzentrationsfähigkeit steigern.

Jahresplan

Schon vor Beginn des Kursjahres sollten Sie sich einen Überblick verschaffen, welche Kurse für Sie interessant oder für Ihr Prüfungsziel vorgeschrieben sind.

Welche Kurse werden angeboten?

Für längerfristige Weiterbildungen werfen Sie vorab einen Blick in die Lehrgangsplanung. Welche Kurse sind vorgesehen? Welche davon sind verpflichtend? Wo gibt es beschränkte TeilnehmerInnenzahlen oder mögliche Engpässe bei der Anmeldung? Gibt es Auswahlmöglichkeiten?

Informationen dazu finden Sie möglicherweise auch online oder bei Ihrem WIFI-Kundenservicecenter.

Ausbildungsziele

Achten Sie bei Ihrem Überblick über die relevanten Kurse besonders auf die festgehaltenen Ausbildungsziele, Inhalte und Methoden: Kurse mit ähnlichen Titeln unterscheiden sich manchmal stark in ihren Zielsetzungen. Lesen Sie darum immer auch die Detailbeschreibungen der Kurse oder erkundigen Sie sich bei der Lehrgangsleitung im WIFI oder im Rahmen einer kostenlosen Informationsveranstaltung vorab über die Inhalte.

Zeitaufwand

Beachten Sie bei Ihrer Jahresplanung, dass die meisten Kurse einen größeren Zeitaufwand haben als die tatsächliche Kurszeit. Notieren Sie sich Prüfungstermine, sofern Sie bereits bekannt sind, und halten Sie sich Perioden für Vorbereitungszeiten frei. Wenn Sie neben Ihrer Arbeit jede freie Minute in einer Fortbildungseinrichtung verbringen, bleibt Ihnen wahrscheinlich nicht ausreichend Zeit, um sich auf Prüfungen vorzubereiten oder etwaige Projekte auszuarbeiten.

Verschaffen Sie sich einen Überblick

Um einen Überblick über Ihre Weiterbildung zu bekommen, können Sie die folgende Checkliste verwenden:

- *Welche Teilkurse benötigen Sie, um Ihr Weiterbildungsziel zu erreichen?*
- *Wie umfangreich sind die jeweiligen Kurse? (Anwesenheitszeit)*
- *Wie groß schätzen Sie den gesamten Arbeitsaufwand ein? (inklusive Hausarbeiten, Projekte, selbstständiges Lernen)*
- *Besteht Anwesenheitspflicht oder gibt es Kurse die auch im Internet angeboten werden?*
- *Gibt es andere Weiterbildungsziele für die Sie einzelne Kurse anrechnen lassen können?*
- *In welcher Sprache wird der Kurs abgehalten?*
- *Gibt es Teilnahmevoraussetzungen? (Anmeldung, Vorwissen, Vorbesprechung)?*

Sobald Sie sich entschieden haben, welche Kurse Sie in diesem Jahr besuchen möchten, erstellen Sie einen Jahresplan, um sicherzugehen, dass alle zeitlich kompatibel sind, sich also nicht überschneiden.

Zeit finden

Zeit freischaufeln

Much may be done in those little shreds and patches of time which every day produces, and which most men throw away.
Charles Caleb Colton

Widmen Sie sich Ihrem Tagesablauf und beobachten Sie sich eine typische Woche lang akribisch genau, rund um die Uhr. Schreiben Sie in 30-Minuten-Einheiten auf, was Sie getan haben: Zähne putzen, surfen, mailen, arbeiten, telefonieren, duschen, schlafen – einfach alles.

Diese Auflistung ist die Basis für den von Baty (Baty, 2004) entwickelten „Time Finder“, eine Methode, die hilft, in einem angefüllten Zeitplan ungenützte Zeiträume auszumachen. Ein Tag im Time Finder könnte zum Beispiel so aussehen:

6:30-7:00	Aufstehen, duschen, anziehen
7:00-7:30	Frühstück machen, Kinder wecken, essen
7:30-8:00	Kinder zur Schule bringen
8:00-8:30	In die Arbeit fahren
8:30-9:30	E-Mails beantworten
9:30-10:00	Mit ArbeitskollegInnen plaudern
10:00-11:00	Besprechung
11:00-11:30	Am Projekt gearbeitet
11:30-12:00	Im Internet gesurft
12:00-12:30	Am Projekt gearbeitet
12:30-13:30	In der Mittagspause spazieren gegangen
13:30-14:00	Kundengespräch geführt
14:00-14:30	E-Mails geschrieben
14:30-15:00	Präsentation vorbereitet
15:00-15:30	Mit ArbeitskollegInnen Kaffee getrunken
15:30-16:00	Präsentation vorbereitet
16:00-16:30	Unterlagen für Kurs ausgedruckt
16:30-17:00	Nach Hause gefahren, unterwegs eingekauft
17:00-18:30	Fernseh-Serien angeschaut
18:30-19:00	Abendessen

19:00-19:30	Internet, Mails, Facebook
19:30-20:00	Unterlagen für Kurs überflogen
20:00-20:30	Telefonat mit Tante, Kinder ins Bett gebracht
20:30-21:00	Unterlagen für morgigen Kurs zusammengesucht
21:00-23:30	Film angeschaut
23:30-6:00	geschlafen

Nach einer Woche gehen Sie Ihren Time Finder durch: Markieren Sie in Ihrem Zeitplan bunt

- **Farbe 1:** Alles was für Sie lebensnotwendig oder sehr wichtig ist.
- **Farbe 2:** Alles was Ihnen zwar wichtig ist, ohne das Sie aber auskommen können, bis zur Prüfung bzw. bis Ihr WIFI-Kurs zu Ende ist.
- **Farbe 3:** Alles was eigentlich nicht so wichtig ist und Sie einige Zeit auslassen können, ohne dass es eine Katastrophe für Sie bedeutet.

Nun können Sie sich Zeit freischaufeln: Rechnen Sie aus, wie viel Zeit Sie im Durchschnitt für die mit Farbe 3 markierten Tätigkeiten brauchen. Wenn Sie auf 1 bis 2 Stunden kommen, ist das perfekt – verabschieden Sie sich für intensive Perioden von diesen Tätigkeiten und reservieren Sie die gewonnene Zeit stattdessen als Arbeitszeit. An dem Tag im angegebenen Beispiel können Sie so bereits 4 Stunden freischaufeln.

Kommen Sie so nicht auf genug Zeit, müssen Sie notfalls für kurze Zeit auf ein paar der Tätigkeiten der Farbe 2 verzichten. Streichen Sie sie aber nicht ganz, sondern reduzieren Sie vorerst die Frequenz. Sie werden feststellen, dass Sie alle Tätigkeiten, die Sie sich trotzdem weiterhin erlauben, viel bewusster genießen und schätzen werden.

Anna U., 35 Jahre, Zertifizierung zur IFS-Managerin:
Aufgrund meiner Berufstätigkeit konnte ich die Prüfung und damit die Kursinhalte nicht – wie ich dies in der Schule gehandhabt hatte – einfach „auf mich zukommen lassen“, sondern habe einen Lernplan mit Zeit- und Lernstoffeinteilung erstellt, der mir Sicherheit gegeben hat, die Kursinhalte bewältigen zu können.

Prioritäten setzen

Wenn Sie weder wissen, wo Sie beginnen sollen, noch wann Sie all die Aufgaben erledigen können, probieren Sie die Eisenhower-Matrix aus. Damit ist Folgendes gemeint: Ordnen Sie alle Tätigkeiten in der folgenden Matrix nach Wichtigkeit und Dringlichkeit.

	dringend	nicht dringend
wichtig	1	3
weniger wichtig	2	4

- ***Priorität 1:*** *Wichtig und dringend. Fangen Sie gleich mit diesen Dingen an. Diese Kategorie hat immer Vorrang.*
- ***Priorität 2:*** *Weniger wichtig und dringend. Delegieren Sie diese Dinge an jemand anderen. Wenn das nicht möglich ist, erledigen Sie sie direkt nach den „wichtigen und dringenden“ Sachen und mit so wenig Aufwand wie möglich.*
- ***Priorität 3:*** *Wichtig und nicht dringend. Nehmen Sie sich einen fixen Zeitpunkt vor: Wann genau werden Sie diese Aufgabe erledigen?*
- ***Priorität 4:*** *Weniger wichtig und nicht dringend. Alle diese Punkte streichen Sie sofort von Ihrer To-do-Liste. Schieben Sie sie auf die „parking lane“ – dort warten sie, bis Sie irgendwann wieder freie Zeit haben, um sie zu erledigen.*

Bildungsurlaub?

Haben Sie sich überlegt, sich ein paar Tage Urlaub zu nehmen, um in Ruhe lernen zu können? Oder haben Sie das Glück, eine Bildungskarenz genehmigt bekommen zu haben?

„Ausreichend freie Zeit“ klingt auf den ersten Blick wunderbar. Zeitaufwendige Projekte verschieben wir darum gerne in die Ferien. Wichtige Vorhaben, die sich nicht mehr ausgegangen sind, werden zusammen mit jenen Freizeitaktivitäten, für die man sonst keine Zeit findet, in den „Urlaub“ verschoben. Im Nachhinein stellt man oft frustriert fest, dass man 3-mal so viel „freie Zeit“ gebraucht hätte, um all die geplanten Aktivitäten unterzubringen.

Woran liegt das? Wenn scheinbar genug Zeit vorhanden ist, spart man sich oft eine genaue Planung. Dadurch können kleine Dinge leicht mehr Zeit in Anspruch nehmen als bei einem straff strukturierten Zeitplan, und die eigentlichen Vorhaben rücken leicht weiter nach hinten.

Je mehr freie Zeit zur Verfügung ist, desto wichtiger wird es, die wichtigen Vorhaben genau zu planen und zu terminisieren.

Menschen sind sehr unterschiedlich und haben zu unterschiedlichen Tageszeiten ihre individuellen Leistungshochs und Konzentrationstiefs. Um herauszufinden, wann Ihre besten Arbeitszeiten sind, versuchen Sie zu unterschiedlichen Uhrzeiten zu arbeiten. Notieren Sie sich, wann welche Aktivitäten erfolgreich sind und zu welchen Uhrzeiten Sie gar nicht produktiv sind. Je genauer Sie Ihren Tagesablauf analysieren, desto besser wissen Sie über Ihren Leistungsrhythmus Bescheid.

Versuchen Sie, Ihre Studierzeiten möglichst in Ihre produktiven Tagesphasen zu legen, und Organisatorisches, Routinearbeit und andere Tätigkeiten dann zu erledigen, wenn Sie ohnehin kognitiv nicht so viel weiterbringen würden.

Zeit planen

Setzen Sie sich Meilensteine

Setzen Sie sich konkrete Ziele für jede kleine Arbeitseinheit und vermerken Sie sie in Ihrem Zeitplan. Wichtig dabei: Das Ziel soll so konkret wie möglich formuliert und überprüfbar sein.

Mag. Norbert H., 39 Jahre, Absolvent der Ausbildung zum Facility-Manager:
Eine berufsbegleitende Ausbildung ist zwangsläufig mit einigen Entbehrungen verbunden. Durch gesetzte Lernziele konnte ich mich jedoch sehr gut motivieren und empfand die Ausbildung durch das Erreichen meiner Ziele als sehr positiv und nicht belastend.

Unklar formulierte Zielsetzungen führen oft dazu, dass Sie vom eigenen Arbeiten und Lernen sehr frustriert sind. Formulieren Sie Ihre Ziele so, dass Sie wissen, wann Sie sie erreicht haben. Stellen Sie sich für jedes Ziel die Frage, ob Sie es SMART formuliert haben.

- ***S – spezifisch:*** *Ist Ihnen eindeutig klar, was Ihr Ziel ist? Lässt es sich von anderen Zielen abgrenzen?*
- ***M – messbar:*** *Wie lässt sich herausfinden, ob Sie Ihr Ziel erreicht haben? Woran können Sie Ihren Erfolg ablesen?*
- ***A – angemessen:*** *Ist Ihr Ziel erreichbar? Setzen Sie sich die Latte nicht zu hoch, damit Ihnen die Lust am Sprung nicht vergeht.*
- ***R – relevant:*** *Hat das Ziel einen Sinn? Ist es für die Erreichung Ihres langfristigen Ziels hilfreich?*
- ***T – terminiert:*** *Wann haben Sie vor, Ihr Ziel zu erreichen? Nennen Sie einen konkreten Zeitpunkt.*

Diese Methode wird im Projektmanagement seit Jahren erfolgreich angewandt, um Ziele und Pläne zu optimieren. Nützen Sie sie, um Ihr Projekt „WIFI-Kurs“ erfolgreich abzuschließen.

Wenn klar ist, dass Sie Ihr Ziel erreicht haben, können Sie mit sich zufrieden sein und sich mit einer wohlverdienten Pause belohnen.

Die folgenden Ziele sind nach dem SMART-Prinzip formuliert:

- *Bis morgen habe ich Kapitel 5 einmal durchgelesen.*
- *Ich kenne bis zur nächsten Gruppenübung die 10 wichtigsten Begriffe der Buchhaltung und weiß, was sie bedeuten.*
- *Bis Ende der Woche habe ich die Eckpunkte der Theorie für die Arbeitsgruppe schriftlich zusammengefasst.*
- *Ich habe mir die wichtigsten Stellen im Text schon angestrichen.*
- *Morgen kann ich die Formeln auswendig und habe sie erfolgreich wiederholt.*
- *Vor Beginn des nächsten Semesters kann ich die Formeln zum Lösen der steuerrechtlichen Fallbeispiele anwenden.*
- *Nach den Osterferien habe ich alle Beispiele einmal durchgerechnet.*
- *Ich bin von meiner Freundin geprüft worden und konnte 2/3 aller Fragen beantworten.*

Ist die Planung realistisch?

Werfen Sie am Ende noch einmal einen kritischen Blick auf Ihre Zeitplanung. Macht der Plan Sinn? Ist es realistisch, dass Sie zu den vorgenommenen Zeiten arbeiten?

- *Ganze Lern- oder Schreibtage sind unrealistisch.*
- *Vergessen Sie nicht, sich zwischendurch etwas Gutes zu gönnen. Sind in Ihrem Zeitplan ausreichend Freizeitaktivitäten vorhanden?*
- *Abends studieren? Kein Problem. Aber nehmen Sie sich dann nicht vor, bereits zeitig in der Früh wieder weiterzuarbeiten. Stoppen Sie zu der Zeit, zu der Sie normalerweise schlafen gehen. Sie benötigen Ihren Schlaf, um das Gelernte zu verarbeiten.*
- *Können Sie das Pensum in der vorhandenen Zeit schaffen? Wenn viele Termine anstehen, ist es eine gute Idee, im Vornhinein zu überlegen, worauf Sie vielleicht verzichten können.*
- *Man weiß nie, was kommt … es ist nicht schlecht, wenn einige Stellen der Tabelle leer bleiben. So haben Sie einen Puffer.*

Passen Sie den Plan gegebenenfalls an, sodass er Ihnen machbar erscheint.

Facts: Lernen im Schlaf.
Wenn Sie nach einem intensiven Lernabend die Augen zumachen, wird die Wachfrequenz Ihrer Gehirnzellen von 14 bis 60 Hertz um ein Vielfaches reduziert, bis Sie schließlich tief und fest schlafen. Auf diese Tiefschlafphase folgt der REM-Schlaf (Rapid Eye Movement). Dieser Zyklus wiederholt sich etwa 6-mal pro Nacht.

Den einzelnen Schlafphasen werden unterschiedliche Eigenschaften zugeordnet. Während des REM-Schlafes sind Ihre Muskeln vollkommen entspannt, dafür spielt es sich in Ihrem Kopf ab: Der REM-Schlaf ist die Phase der Träume.

Wissensinhalte werden vor allem während Tiefschlafphasen gefestigt (Stickgold, 2005). In der ersten Nachthälfte verarbeiten Sie die Daten und Fakten, die Sie sich untertags eingeprägt haben. Der REM-Schlaf ist hingegen wichtig für das Erlernen von Bewegungsabläufen. Lernen Sie eine neue Sportart oder üben Sie eine bestimmte Fingerfertigkeit, profitieren Sie vor allem von dieser Zeit.

Gerade vor großen Prüfungen zahlt es sich also aus, am Vorabend das Buch und die Augen zu schließen. Mehr Schlaf mit dem Buch unter dem Kopfpolster lohnt sich: Sie festigen die Lerninhalte im Schlaf.

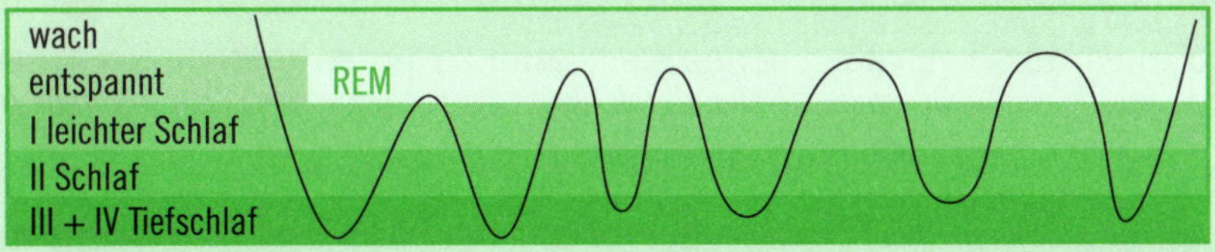

Hat die Planung funktioniert?

Lassen Sie sich die fehlende Kontrolle während eines Kurses am WIFI nicht zum Verhängnis werden und überwachen Sie Ihren Erfolg selbst. Wählen Sie konkrete Zeitpunkte, zu denen Sie über Ihr Arbeitsverhalten reflektieren. Welche Strategien haben funktioniert und welche nicht? Geht Ihr Zeitplan auf? Seien Sie dabei ehrlich zu sich.

Karl S., 37 Jahre, Absolvent des Lehrgangs zum Immobilienmakler und –verwalter:
Nachdem ich mich für einen mehrmonatigen Lehrgang entschieden hatte und zwischenzeitlich von meinem Vorgesetzten wegen eines Ausfalls eines Kollegen verstärkt in einem Projekt eingesetzt wurde, hatte ich Probleme, den liegengebliebenen Lernstoff zu bewältigen.

Das Problem an selbst erstellten Plänen ist die Verbindlichkeit: Was passiert, wenn Sie sich nicht daran halten? Die Eigenverantwortung in der Erwachsenenbildung ist eine Herausforderung für Ihren Lernprozess: Niemand außer Sie selbst kontrollieren, ob Sie Ihre ambitionierten Pläne einhalten. Sie sind nur sich selbst verantwortlich, und leider ist man mit sich selbst oft ziemlich nachsichtig.

Ausreden und Gründe sind oft schnell zur Hand: „Uj, die Vorhänge gehören mal wieder gewaschen", „Die Felgen des Autos könnte ich putzen", „Na ja, es war ja viel zu schönes Wetter, um zu lernen", oder: „Die Party ist ja was ganz Besonderes". Viele Dinge können in dem Augenblick, in dem Sie zu lernen oder schreiben beginnen, wichtiger sein oder plötzlich wichtig werden.

Silvio B., 32 Jahre, Absolvent des Diplom-Lehrgangs zum Hygienemanager:
Mir waren im Lernprozess sogenannte Pufferzeiten sehr wichtig, da ich schnell das Gefühl hatte, das Pensum nicht schaffen zu können. Durch diese Pufferzeiten konnte ich kurz durchatmen und Pausen einlegen, um das Gelernte verarbeiten zu können, ohne das Gefühl zu bekommen, dass ich wertvolle Zeit vertrödele.

Besiegen Sie Ihren inneren Schweinehund!

Ihn an die Leine nehmen und erziehen ist nicht immer so leicht, und es bedarf einigen Trainings, damit er richtig gut erzogen ist. Dafür gibt es einige Grundsätze, die Sie beachten sollten:

Kleine Fortschritte vornehmen

Es wird Ihnen nicht möglich sein, Ihre Arbeitsweise von heute auf morgen komplett umzukrempeln. Stecken Sie sich kleine Ziele.

Wenn Sie merken, dass Sie Ihre Vorsätze wieder nicht eingehalten haben, nehmen Sie sich nicht mehr, sondern weniger vor.

Wenn du in Eile bist, gehe langsam.
Chinesisches Sprichwort

Große Belohnungen

Selbst kleine Schritte sind wichtig und eine Belohnung wert. Überlegen Sie sich schon vorher, was Sie sich gönnen werden, wenn Sie Ihr kleines Ziel geschafft haben: je konkreter, desto besser. Aber nehmen Sie nichts als Belohnung, das Sie ohnehin tun würden, egal ob Sie Ihr jeweiliges Ziel erreicht haben oder nicht.

Deadlines

Ohne Deadlines würden ganz viele Dinge niemals fertig werden. Die Last-Minute-Energie kann gewaltige Dinge vollbringen. Deadlines sind super, sie sind der Kraftstoff, der unseren Last-Minute-Motor erst so richtig in Schwung bringt. Nützen Sie diese Energie für jeden kleinen Fortschritt und jeden Meilenstein, den Sie sich setzen, indem Sie ihn mit einer Deadline verknüpfen.

Verbindlichkeit

Vertrauen Sie sich nicht. Erhöhen Sie die Verbindlichkeit Ihrer Deadlines, indem Sie sie mit Konsequenzen verknüpfen, die von außen kommen:

- *Vereinbaren Sie einen Arbeitstermin mit einer fleißigen Person, den verschieben Sie nicht so leicht wie einen Termin mit sich selber.*
- *Bitten Sie jemanden um ein Feedback auf Ihre Präsentation oder Projektarbeit zu einem bestimmten Termin. Wählen Sie eine Person, die nachfragt und bei der es Ihnen peinlich wäre, nichts abzuliefern.*
- *Suchen Sie sich im Vorhinein eine Person, die Sie nicht enttäuschen wollen und bitten Sie sie, Sie an einem bestimmten Tag über eine bestimmte Stoffeinheit abzuprüfen, die Sie bis dahin gelernt haben möchten.*
- *Schließen Sie Wetten ab, mit einem Einsatz, den Sie spüren. Wetten Sie beispielsweise mit KollegInnen, wer zuerst fertig wird oder wer die bessere Note bekommt.*

Natascha P., 34 Jahre, akademische Ausbildung „Business Management": Meine Freundin und ich haben unsere Diplomarbeit ewig vor uns hergeschoben. Wir haben uns immer damit getröstet, dass wir beide noch nicht fertig waren. Dann haben wir gewettet: Wer zuletzt fertig ist, muss die gemeinsame Abschlussparty zahlen. Zuerst haben wir weiter gebrodelt, aber als meine Freundin dann so richtig durchgestartet hat, hab ich angezogen – wir wollten ja immerhin gemeinsam feiern. Wir sind tatsächlich ziemlich knapp hintereinander fertig geworden und haben die Kosten der Riesenparty geteilt.

Das Ziel vor Augen

Langfristige Ziele setzen

Die größte Motivationshürde ist, nicht zu wissen, was man selber eigentlich will.

Finden Sie heraus, was Sie möchten und warum Sie den WIFI-Kurs gebucht haben. Es gibt keine richtigen oder falschen Ziele.

Oft ist es gar nicht so leicht zu wissen, was man will. Entweder gibt es so viele reizvolle Möglichkeiten, und Sie können sich kaum entscheiden. Oder es sind wenig verlockende Aussichten im Blickfeld. In beiden Fällen hilft oft eine kleine Fantasiereise in eine mögliche Zukunft:

- *Wenn Sie in der Früh aufwachen, lassen Sie die Augen zu und stellen sich vor, Sie sind bereits 10 Jahre älter. Versuchen Sie daran zu denken, was Sie heute machen werden, wo Sie frühstücken werden und mit wem oder wie Ihr Arbeitsplatz aussieht. Stellen Sie sich vor, Sie arbeiten heute an etwas besonders Spannendem, und malen Sie sich aus, wie es sein wird. Am Abend sind Sie zu einer Feier eingeladen, wo Sie mit KollegInnen und FreundInnen einen beruflichen Erfolg feiern werden – malen Sie sich auch das genau aus. Wiederholen Sie diese „morgendliche Zeitreise" öfter und überlegen Sie, zu welchem realen Szenario Ihre Zukunftsvision am besten passen könnte.*
- *Schicken Sie sich selbst einen Brief durch die Zeit, indem Sie sich als 80-jährige/r GreisIn Ratschläge für Ihr Leben geben.*
- *Verfassen Sie eine offizielle Festschrift oder basteln Sie eine Kollage als Geschenk zu Ihrem 40. Geburtstag.*
- *Malen Sie ein paar Bilder, die in 20 Jahren in Ihrem Fotoalbum kleben könnten.*
- *Ein großes Ziel vor Augen gibt Ihnen die Richtung vor und kanalisiert Ihre Energie. Um es zu erreichen, sind allerdings viele kleine Schritte nötig.*

Kurzfristige Ziele erreichen

Nichts Großes ist je ohne Begeisterung geschaffen geworden.
Ralph Waldo Emerson

Zerlegen Sie Ihr langfristiges Ziel in Teilschritte. Ein Fach können Sie möglicherweise in mehrere Teilprüfungen zerlegen sowie in verschiedene Stoffbereiche. Schreibprojekte lassen sich ebenso schrittweise planen (siehe Kapitel „Schreibprojekte und Präsentionen" auf Seite 182). Große Ziele sind oft zu weit weg, um uns bereits heute zum Arbeiten zu motivieren.

Riesige Berge erscheinen viel kleiner, wenn Sie sich immer nur auf ein Teilstück konzentrieren. Wozu brauchen Sie ein Ziel? Um zu wissen, wo Sie hin möchten, aber auch, um zu merken, wenn Sie angekommen sind. Formulieren Sie daher Ihre Ziele immer nach dem SMART-Prinzip (siehe Seite 25).

Ein Hochspringer, der sich die Latte nicht selber immer höher legt, hat keine Chance, seinen eigenen Rekord zu brechen. Ihre Möglichkeit, sich zu verbessern, hängt davon ab, welche Ziele Sie sich setzen. Stellen Sie immer sehr hohe Ansprüche an sich, besteht die Gefahr, dass Sie ihnen oft nicht gerecht werden. Das frustriert Sie auf Dauer und senkt Ihre Motivation und Ihr Selbstvertrauen. Überprüfen Sie, ob Sie sich nicht zu viel zumuten. Gehen Sie von Ihren persönlichen Rahmenbedingungen und Energiereserven aus und lassen Sie sich in Ihren Zielsetzungen nicht zu sehr von „unerreichbaren Vorbildern" leiten.

Wenn Sie Ihre Ziele immer leicht erreichen und sich genug im Erfolg gesonnt haben, können Sie beginnen, sich anspruchsvollere Leistungen vorzunehmen. Gute Zielsetzungen finden, die sowohl realistisch als auch herausfordernd sind, ist eine Kunst und benötigt viel Erfahrung.

Am Ball bleiben

Gedanken steuern

Wir haben Lernende befragt, welche Gedanken ihnen immer wieder durch den Kopf gehen. Manche Sätze motivieren, andere schüren Ängste und schlechte Laune.

Verabschieden Sie sich von Sätzen, die Lernblockaden verursachen können, wie:

- *Hätte ich bloß früher begonnen!*
- *Ich habe keine Lust.*
- *Hoffentlich habe ich während der Prüfung nicht wieder ein Blackout.*

Formulieren Sie positive Gedanken, die Sie motivieren:

- *Dieses Kapitel noch, dann mache ich eine Pause.*
- *Diese Zusammenfassung ist gut gelungen.*
- *Wenn ich so weitermache, schaffe ich die Prüfung locker.*
- *Die anderen Prüfungen habe ich auch gut gemeistert, so wird es diesmal wieder sein.*

Mentaltraining verhilft SpitzensportlerInnen zu Höchstleistungen. Unsere Gedanken haben viel Macht über unsere Leistung. Lassen Sie nicht zu, dass negative Gedanken Ihren Erfolg schmälern. Wenn Sie derartige Sätze bemerken, streichen Sie sie in Gedanken durch. Sammeln Sie positive Sätze, die Sie sich stattdessen in Erinnerung rufen können.

Motivationskonflikte vermeiden

Sie haben einen Zeitplan und die Vorbereitung auf die nächste Prüfung verläuft geregelt – bis zu dem Moment, an dem Ihr bester Freund anruft, um Sie zum Ausflug ins Grüne einzuladen. Vermeiden Sie solche verführerischen Vorschläge, indem Sie Freunde über große Prüfungen informieren und ersuchen, dass sie Sie erst gar nicht „in Versuchung führen".

- *Studieren Sie nicht das Fernsehprogramm von Abenden, an denen Sie lernen oder schreiben wollten, und starten Sie kein Computerspiel (auch nicht, um nur kurz zu sehen, in welchem Level Sie sich befinden).*

- *Kurzfristige Motivationskonflikte können Sie vermeiden, indem Sie sich an einen ruhigen Ort zurückziehen.*

Optimistisch bleiben

In einem Motivationstief fällt es oft schwer, an sich zu glauben: Da hilft es, sichtbar zu machen, was Sie schon alles geschafft haben. Hier ein paar Möglichkeiten, die Sie ausprobieren können, um sich wieder optimistischer zu fühlen:

- *Listen Sie alle Prüfungen auf, die Sie bisher schon geschafft haben.*
- *Rufen Sie Leute an, die Sie bewundern und stolz auf Sie sind. Lassen Sie sich von ihnen Mut zusprechen und Sie anspornen.*
- *Erstellen Sie eine ganz detaillierte To-do-Liste und markieren Sie alles, was Sie bereits erledigt haben.*
- *Erinnern Sie sich an das letzte erfolgreiche Projekt, bei dem Sie ein Motivationstief hatten. Wie sind Sie damals wieder herausgekommen?*
- *Machen Sie eine Liste mit mindestens 10 Punkten, die super sind, wenn Sie Ihr Ziel erreicht haben.*
- *Schreiben Sie darüber, wie es sich anfühlt, total unmotiviert zu sein, oder schreiben Sie einen Brief an Ihre Motivation, in der Sie sie bitten zurückzukommen und ihr erklären, warum Sie sie brauchen.*
- *Gönnen Sie sich einen Tag Pause, ohne schlechtes Gewissen.*
- *Stellen Sie sich vor, womit Sie sich belohnen werden, wenn Sie da endlich durch sind.*

In jedem Arbeitsprozess gibt es Hochs und Tiefs. Lassen Sie sich davon nicht demotivieren, wenn Sie mal einen schlechten Tag haben oder nicht so weit gekommen sind, wie Sie vorhatten. Bestrafen Sie sich nicht noch zusätzlich mit Selbstkritik. Denken Sie an das Sprichwort: „Fallen ist keine Sünde, aber Liegenbleiben", und sammeln Sie Ihre restlichen Energien, um wieder aufzustehen und weiterzumachen.

Erfolge belohnen

Der höchste Lohn für unsere Bemühungen ist nicht das,
was wir dafür bekommen, sondern das, was wir dadurch werden.
John Ruskin

Nichts steigert Ihre Motivation so sehr wie der Ausblick auf das „Danach". Überlegen Sie sich also am besten schon im Vorhinein genau, womit Sie sich belohnen wollen – dann können Sie sich schon so richtig darauf freuen.

Damit Belohnungen Ihre Motivation steigern, müssen sie

1. unmittelbar nach dem Erfolg kommen (also nicht erst Tage oder Wochen später).
2. der Leistung angemessen sein. Übertriebene Belohnungen stumpfen Sie ab, und zu geringe Belohnungen lösen keine wirkliche Freude aus.

Überlegen Sie sich also gut, was geeignete Belohnungen für Ihre jeweiligen Errungenschaften sein könnten. Von der Zigarette oder dem guten Abendessen bis zum großen Urlaub am Ende des WIFI-Kurses ist alles möglich.

Facts: Das Belohnungssystem.
Im Laufe der Evolution war es für uns Menschen wichtig, Handlungsweisen, die „gut" für uns sind, zu erkennen und entsprechend zu wiederholen. Ein bestimmter Gehirnkern, der Nucleus Accumbens, macht uns auf positive Situationen aufmerksam, indem er den Botenstoff Dopamin aussendet. Dieses Belohnungssystem wird dann aktiv, wenn eine Handlung positive Konsequenzen hat. So wird der Kern aktiv, wenn eine Naschkatze Schokolade isst oder wenn ein Kind von seiner Mutter in den Arm genommen bzw. ein Kollege gelobt wird. Der Nucleus Accumbens spielt leider auch eine wichtige Rolle im Suchtverhalten. Viele Drogen wirken genau an dieser Stelle im Gehirn und bewirken so, dass wir das Verhalten immer und immer wieder wiederholen. Denn genau das ist der Effekt des Belohnungssystems: Hat eine Aktion

positive Konsequenzen, werden wir in Zukunft versuchen, diese Situation zu wiederholen.

Belohnungen müssen nicht unbedingt von außen kommen. Unser Gehirn kann sich selber belohnen. Sind wir selber zufrieden mit unserer Leistung, positiv überrascht, wie gut wir eine Herausforderung bewältigt haben, wird der Nucleus Accumbens genauso aktiv. So sorgt das Belohnungssystem dafür, dass uns Lernerfolge zu weiteren Lernprojekten motivieren und Schreiberfolge Lust aufs Schreiben machen.

Man unterscheidet zwischen extrinsischer und intrinsischer Motivation: Die intrinsische Motivation kommt aus uns selbst heraus – sie ist an unsere Neugierde und unser Interesse geknüpft. Auch sie können Sie stärken: am besten, indem Sie sich bewusst machen, was Sie an Ihrer Aufgabe spannend und interessant finden. Versuchen Sie Fragen zu finden, deren Antworten Sie gerne wissen würden. Formulieren Sie Punkte, über die Sie gerne mehr wissen wollen, und beschreiben Sie , was Sie an dem Thema reizen könnte, also wofür Sie etwa Ihr Wissen verwenden möchten.

Bei der extrinsischen Motivation kommen die Belohnungen von außen. Alles was Sie sich Gutes tun, fällt hier genauso hinein, wie Anerkennung und Lob von anderen. Darum ist es wichtig, dass Sie Ihre Erfolge nicht unter den Tisch kehren oder schmälern, sondern sie ausgiebig feiern. Haben Sie sich schon mal darüber gewundert, warum jemand so viel Tamtam um eine Leistung macht, die Sie als selbstverständlich erachtet haben? Und dafür auch noch Applaus bekommt? Wer seine eigenen Erfolge und Leistungen wertschätzt und sichtbar macht, bekommt auch von anderen mehr Anerkennung – und ist beim nächsten Mal noch motivierter. Eines brauchen Sie auf jeden Fall, nachdem Sie etwas geschafft haben: eine Pause. Sonst haben Sie einfach nicht genug Energie, um für die nächste Herausforderung motiviert zu sein.

ARBEITSUMGEBUNG

Die Wirtschaft hat längst erkannt, dass es für gute Leistung wichtig ist, in welcher Umgebung die Angestellten arbeiten. Die ergonomische und optimale Gestaltung von Arbeitsbereichen ist ein eigenes gut dotiertes Forschungsgebiet geworden. Nutzen Sie diese Erkenntnisse, um Ihre Arbeitsplätze zu verbessern.

Was gehört alles zu Ihrer Arbeitsumgebung? Alles rund um Sie ist wesentlich: Materialien, mit denen Sie arbeiten, die Möbel und Sitzgelegenheiten, die Lichtverhältnisse, die Hintergrundgeräusche, Sachen auf Ihrem Schreibtisch, der Raum, die Farben und Gerüche, die Sie beim Arbeiten wahrnehmen.

Alle Elemente Ihrer Arbeitsumgebung können Sie nach 2 Aspekten beurteilen: einerseits danach, wie stimulierend oder hemmend sie sind, andererseits nach dem Kontext, den Sie damit verknüpfen. Dieser Kontext sollte möglichst positiv auf Ihre Motivation wirken.

Arbeitsräume schaffen

Jeder empfindet anders und verknüpft andere Assoziationen mit denselben Räumen: Finden Sie heraus, welche Umgebung Sie für die jeweiligen Tätigkeiten brauchen. Probieren Sie viele verschiedene Orte und Situationen aus, um draufzukommen, welche Sie am meisten stimulieren. Experimentieren Sie, indem Sie im Freien, in der Bibliothek, im Park, in verschiedenen Kaffeehäusern und an unterschiedlichen Plätzen bei sich zu Hause arbeiten.

Die Stimmung draußen kann sehr inspirierend sein. Die Geschäftigkeit und Bewegung an einem öffentlichen Ort kann sich auf Sie übertragen und Ihr Arbeiten anspornen. Die eigenen 4 Wände schaffen hingegen eine vertraute Atmosphäre. Aber in dem Moment, in dem Sie beginnen, Ihre Umgebung aktiv zu beobachten, den Gesprächen am Nachbartisch zu lauschen oder Ihre Gedanken zu dem noch nicht abgewaschenen Geschirr in der Küche gleiten, ist es mit Ihrer Konzentration vorbei.

Florian O., 31 Jahre, Absolvent des Diplomlehrgangs „Marketing- und Salesmanagement im Tourismus“:
Durch die optimale Gestaltung meines Arbeitsumfeldes habe ich Ablenkungen minimieren, und mir eine ideale Lernatmosphäre schaffen können.

Ing. Carlos Z., 46 Jahre, Absolvent des Lehrgangs „klima:aktiv bauen“:
Ich habe festgestellt, dass ich Verwirrungen vermeiden kann, wenn ich beim Lernen allzu ähnliche Stoffgebiete zeitlich und räumlich trenne.

Lernen heißt nicht leiden. Statt sehnsüchtig nach draußen zu blicken, schnappen Sie sich ein paar Unterlagen und gehen hinaus, um weiterzuarbeiten. Je bequemer Sie es sich einrichten, desto länger reicht Ihre Energie und desto produktiver können Sie die Zeit nutzen.

Welche Arbeitsräume wofür?

Legen Sie sich auf die Couch, um zu lesen, laufen Sie beim Wiederholen, setzen Sie sich an einen Baum gelehnt in die Sonne zum Schreiben. Unterschiedliche Orte sind für unterschiedliche Tätigkeiten geeignet.

Ein kleiner ruhiger Raum unterstützt Sie vielleicht nicht, Ihre Gedanken schweifen zu lassen, um neue Ideen zu finden, hilft Ihnen aber dafür, sich auf Ihren Lernstoff zu konzentrieren. Oder Sie fühlen sich in diesem Raum eingeschränkt und brauchen dafür eine offene weite Umgebung und eine gute Aussicht mit Blick ins Grüne.

Arbeitsräume gestalten

Ihre Arbeitsmaterialien

Es macht einfach mehr Spaß, auf einem neuen Laptop zu schreiben als auf einem alten langsamen PC, bei dem schon seit Jahren die Leertaste klemmt. Gerade beim Lernen und Schreiben sind die Materialien wichtiger, als Sie denken: der Stift, der gut in der Hand liegt; das Notizbuch, das ansprechend aussieht; die bunten Trennblätter für Ihren WIFI-Ordner; das Heft, das den besonderen Einband hat – gönnen Sie sich schöne Arbeitsmaterialien, die Sie gerne mögen, dann sind Sie beim Arbeiten damit viel motivierter.

Zusätzlich zeigen Sie sich damit selbst Wertschätzung: Indem Sie in Ihre Materialien investieren, signalisieren Sie sich, dass Ihr Arbeiten und Lernen etwas Wichtiges und Tolles sind, etwas, dem Sie Bedeutung und einen Wert beimessen.

Lichtverhältnisse

Besonders zum Lesen und Schreiben brauchen Sie gute Lichtverhältnisse. Wenn es nicht ausreichend hell ist, ermüden Sie sehr viel schneller. Selbst wenn Sie eher ein Nachtmensch sind: Bei Tageslicht sehen Sie am besten, weil die Augen des Menschen optimal daran angepasst sind.

Wenn nicht genug Tageslicht vorhanden ist, organisieren Sie sich am besten eine kleine Schreibtischlampe, die Sie punktuell auf Ihre Unterlagen richten können.

Auch der Helligkeitskontrast spielt eine Rolle: Schwarze Buchstaben auf hellem Hintergrund sind am besten zu erkennen. Andererseits strengt zu viel Kontrast rund um das Zentrum Ihres Blickes das Auge an: Beigegraue Tischflächen reflektieren weniger Licht als weiße und sind kein zu starker Kontrast zu Papier. Ebenso ermüdet ein hell erleuchteter Bildschirm im dunklen Zimmer Ihren Blick schnell.

Ihre Arbeitsposition

Das große Angebot an ergonomischen Sitzgelegenheiten hat einen Sinn. Ganz wichtig beim Arbeiten ist eine bequeme Position: Sitzen, besonders langes und gebeugtes Sitzen, ist keine Haltung, die unser Körper auf Dauer mag. Kein Wunder also, dass Ihnen schon nach kurzer Zeit auf Ihrem harten Sessel die Lust vergeht.

Wenn Sie lernen oder an einem Schreibprojekt arbeiten, dann machen Sie es sich so anregend und bequem wie möglich. Wichtig dabei ist, dass Sie

Ihre Position oft wechseln können: ein Arbeitssessel, in dem Sie sich weit zurücklehnen können, ein Schaukelstuhl oder Sitzball, auf dem Sie wippen können, eine kuschelige Couch, wo Sie mit Ihrem Laptop am Schoß arbeiten können. Wechseln Sie Ihre Position häufig. Stehen Sie auf, um etwas zu wiederholen, gehen Sie auf und ab, um etwas zu durchdenken, hören Sie sich Tonaufnahmen zum Thema beim Joggen an.

Facts: Ihre Bewegung beeinflusst Ihr Denken.
Glenberg und Kaschak (2002) ließen ProbandInnen Sätze beurteilen, die indirekt eine Bewegungsrichtung implizieren: Beispielsweise „Öffnen Sie die Schublade" für Bewegung zum Körper und „Schließen Sie die Schublade" für Bewegung weg vom Körper. Um die Knöpfe für die Beurteilung zu erreichen, mussten die Probenden entweder ihre Finger näher zu ihrem Körper oder weg von ihrem Körper bewegen. Dabei wurden die Reaktionszeiten gemessen: Wenn die im Satz implizierte Bewegungsrichtung mit derjenigen der geforderten Fingerbewegung übereinstimmte, waren die Reaktionszeiten deutlich kürzer.

Ihre körperliche Bewegung und Ihre innere Vorstellungswelt – insbesondere sprachliche Vorstellungen – sind miteinander gekoppelt und beeinflussen einander. Welche Art von Bewegung Sie körperlich machen, beeinflusst also Ihre Gedanken.

Wenn Sie geistig nicht in Bewegung kommen, versuchen Sie es mit körperlicher Bewegung: Die bringt Sie geistig in Schwung. Und genau wie bei körperlicher Bewegung ist auch Lernen Trainings- und Übungssache: Am Anfang ist es noch mühsam, Sie bewegen sich und haben noch nicht raus, wie es optimal geht. Indem Sie ausprobieren und üben, werden Sie besser und entdecken, was Sie am meisten weiterbringt. Wenn Sie dann gut im Training sind, geht alles recht locker. Wie Radfahren verlernt man auch Lernen nicht, aber es ist immer eine Überwindung, nach längerer Pause wieder anzufangen und hineinzukommen.

Gemeinsam ist besser als einsam. Die Grundform allen Lernens beruht auf Feedback: Ohne Rückmeldung aus der Umwelt kann kein Lebewesen lernen. Der Mensch ist ein soziales Wesen: Kommunikation und Austausch ist die Basis der menschlichen Entwicklung – fehlt diese Anregung in der frühen Kindheit, entwickeln wir nicht die typisch menschlichen kognitiven Fähigkeiten. Kommunikation ist die Basis des menschlichen Wissenserwerbes. Machen Sie sich dieses Grundprinzip des Lernens zu Nutze.

Kleine Kinder beginnen ihre Lernprozesse mit Imitation: Sie imitieren, versuchen Laute und Bewegungen nachzumachen. Wir unterstützen unbewusst diesen Lernprozess, indem wir etwas vorzeigen oder gleichzeitig gemeinsam machen. Hier kommt ein weiteres Grundprinzip menschlichen Verhaltens zum Tragen: das Spiegeln von Verhaltensweisen und die spontane Bereitschaft, etwas gemeinsam zu machen, zu kooperieren.

Facts: Kooperation und Hilfsbereitschaft.
Warneken und Tomasello (2006) zeigten einen besonderen Unterschied zwischen menschlichem Verhalten und dem von Schimpansen: Bereits im Alter von nur 18 Monaten erkennen Kinder die Absichten fremder Personen und helfen spontan, ohne dass eine Belohnung oder ein direkter Vorteil dabei für sie entsteht. Das Kind beobachtet, wie ein Mann einen Stapel Bücher vom Tisch zum Kasten trägt. Danach schließt sich die Kastentür und der Mann steht mit dem zweiten Stapel Bücher und enttäuschtem Gesicht davor. Sofort „hilft" das Kind, indem es die Kastentür öffnet.

Obwohl Schimpansen in ähnlichen Situationen die Absicht wohl erkennen, zeigen sie bei weitem kein derart ausgeprägtes altruistisches Verhalten.

Was bedeutet das für Sie? Versuchen Sie nicht nur als EinzelkämpferIn Ihr Ziel zu erreichen. Arbeiten Sie, wann immer möglich, mit anderen gemeinsam.

Holen Sie sich positive Unterstützung, Tipps und Input:

- *Inhaltlich: Fragen Sie nach, bitten Sie KollegInnen und Lehrende um detaillierte Erklärungen.*
- *Organisatorisch: Erkundigen Sie sich bei KollegInnen, die den Kurs schon vor Ihnen gemacht haben, über Abläufe und Prozedere von Lehrveranstaltungen und Prüfungen; fragen Sie, wie sie ihr Arbeiten organisieren.*
- *Holen Sie sich Feedback auf Ihre Leistungen, sowohl von Lehrenden als auch von KollegInnen. Fragen Sie sie, was sie für Verbesserungsvorschläge haben.*
- *Vergleichen Sie Ihre Leistungen und Arbeiten mit denen anderer. So erfahren Sie, wie andere das Problem gelöst haben – Sie profitieren voneinander.*
- *Lernen Sie selbst durch Kommunikation: Indem Sie jemanden etwas erklären, merken Sie sich Dinge oft am besten.*

Bilden Sie Lern- und Schreibteams

Studieren im Team hat eine Menge an Vorteilen für alle Beteiligten:

- ***Großer Wissenspool:** Gemeinsam haben Sie einen größeren Wissens- und Erfahrungspool, um Fragen zu lösen. Jeder hat andere Strategien, und so lernen Sie nicht nur miteinander, sondern auch voneinander.*
- ***Der „Selbsthilfegruppen-Effekt":** Sie merken, dass Sie nicht die einzige Person sind, die sich mit einem bestimmten Problem herumschlägt: Alle sitzen im selben Boot, und gemeinsames Jammern tut oft gut. Danach lässt's sich befreiter arbeiten.*
- ***Feedback:** In einer Gruppe bekommen Sie Feedback auf Ihre Ideen und Strategien und Sie inspirieren sich gegenseitig. Zusätzlich sind Sie sich ein guter Spiegel, um zu sehen, ob Sie etwas wirklich verstanden haben. Dieser Perspektivenwechsel erweitert Ihren Horizont und ermöglicht Ihnen, sich mit fremden Augen zu sehen. So decken Sie blinde Flecken auf, erkennen Wissenslücken und Irrtümer leichter. Durch Feedback können Sie besser erkennen, was Sie schon alles können und wo Sie wirklich gut sind.*
- ***Synergien nutzen:** Teilen Sie sich Gebiete auf – jeweils eine Person erklärt den anderen ein Thema, Sie führen Notizen zusammen und kombinieren Ihre Stärken und Ressourcen; der eine kann gut tippen, die andere besser formulieren; die eine ist gut im Suchen von Literatur, der andere bastelt tolle Präsentationen, eine Dritte kann Sachverhalte superschnell erfassen und erklären. Arbeitsteilung macht viele Projekte effizienter.*

- ***Konkurrenz spornt an:*** *Wenn die anderen sich für ein Treffen gut vorbereitet haben, wollen Sie auch was beitragen können und nicht blöd dastehen. Sie freuen sich über den gemeinsamen Erfolg.*
- ***Gemeinsam ist man stärker:*** *Die Gruppenenergie treibt zusätzlich an. Etwas für jemanden anderen tun ist oft eine größere Motivation, als nur für sich selber zu arbeiten. Die Gruppe schafft eine gewisse Verbindlichkeit, die Sie mitreißt.*
- ***Spaß:*** *Zu mehrt sind manche Dinge einfach leichter zu bewältigen – und es macht viel mehr Spaß. Etwas Plauderei und Scherzen rund ums Lernen oder Schreiben lässt alles nicht so bitterernst erscheinen. Und: Erfolge kann man gemeinsam viel besser feiern.*

Özlem C., 37 Jahre, Ausbildung zur Senior Prozess Managerin:
Mir hat das gemeinsame Lernen mit einer Kollegin sehr viel geholfen. Dadurch dass sie mir ihre Sicht auf die Inhalte geschildert hat, haben sich auch für mich ganz neue Aspekte ergeben, an die ich mich bei der Prüfung noch sehr lebendig erinnern konnte.

Karl-Heinz H., 52 Jahre, Absolvent des Lehrgangs „Wirtschaftspraxis für Büro-Einsteiger“:
Nachdem die Schulzeit schon lange hinter mir liegt, hatte ich hinsichtlich des Lehrstoffes das Problem „den Wald vor lauter Bäumen nicht zu sehen“. Ich wusste nicht wo ich anfangen, und wie ich die Fülle an Informationen bearbeiten sollte, um alles behalten und bei der Prüfung auch wiedergeben zu können. Eine Lerngemeinschaft hat mir diesbezüglich sehr weitergeholfen, da ich mir einige Lernstrategien abschauen, und die besten Ansätze daraus für mich nutzen konnte.

Was machen Sie besser alleine?

Nicht alle Tätigkeiten sind für Arbeiten im Team gleich gut geeignet. Folgende Schritte gehen Sie besser zuerst alleine an, bevor Sie die Resultate in die Gruppe einbringen:

- *Sammeln von Wissensquellen, Literatur, Ressourcen, Techniken.*
- *Einlesen in ein Thema, Durchlesen von Lernstoff.*
- *Erstmaliges Ausprobieren von neuen Methoden und Techniken.*
- *Merken und Wiederholen von Details.*
- *Schreiben von ersten Text-Entwürfen und Rohtexten.*

Die beste Strategie ist, sich Inhalte alleine zu erarbeiten und Ihren Zwischenstand, Ihre Ergebnisse oder Erkenntnisse dann in die Gruppe einzubringen. Dort wird alles zusammengefügt, reflektiert und weiterentwickelt, damit Sie genauer wissen, wie Sie alleine am sinnvollsten weiter vorgehen können.

Produktive Gruppenarbeit

Damit das Arbeiten in Teams gut funktioniert, gibt es ein paar Regeln, die Sie einhalten sollten.

- ***Termine:** Machen Sie sich Termine zu Zeiten und an Orten aus, die für alle passen. Nützen sie dazu zum Beispiel Online-Tools wie doodle (www.doodle.ch). Nehmen Sie diese Termine ernst und kommen Sie pünktlich. Am besten planen Sie gleich etwas Nettes für danach.*
- ***Ehrlichkeit:** Lernteams funktionieren nur gut, wenn jeder etwas dazu beiträgt. Stellen Sie gleich von Anfang an klar, mit welchem Ziel Sie sich treffen und was sich jede/r einzelne TeilnehmerIn erwartet und beitragen möchte. So ist am Ende niemand enttäuscht oder unzufrieden.*
- ***Arbeitsteilung:** Legen Sie genau fest, wer was bis wann tun soll. Versuchen Sie sich daran zu halten oder zumindest die anderen rechtzeitig vor dem Termin zu informieren, wenn Sie die übernommenen Dinge nicht schaffen werden.*

Zuhören können

Eine gute Zusammenarbeit braucht eine gute Gesprächsbasis. Profitieren Sie vom Wissen Ihrer KollegInnen, indem Sie zuhören, was sie zum Thema zu sagen haben.

- *Achten sie darauf, andere nicht zu unterbrechen. Warten Sie, bis sie ihre Argumentationskette abgeschlossen haben.*
- *Erlauben Sie zwischendurch kurze Schweigepausen, damit alle die Möglichkeit haben, über das Gesagte nachzudenken und möglicherweise in das Gespräch einzusteigen.*
- *Zeigen Sie Ihren GesprächspartnerInnen mit Ihrer Körpersprache und Mimik, dass Sie ihnen zuhören.*
- *Stellen Sie Fragen. Finden Sie heraus, ob Sie richtig verstanden haben, was die anderen meinen.*
- *Zeigen Sie Ihr Interesse, indem Sie nach Details fragen.*

Konstruktives Feedback

Einander Feedback geben ist ein ganz heikler Punkt in der Kommunikation einer Gruppe.

Gutes Feedback ist immer konstruktive Anregung zum Weiterarbeiten. Es ist weniger wichtig, Fehler zu finden, als die Teile zu identifizieren, die gut sind. Mit ihnen können Sie weiterarbeiten.

Gutes Feedback ist immer ...

- ***sachlich:*** *Bleiben Sie bei den Inhalten, es geht um die Sache, nicht um die Person selbst. Verwenden Sie eine freundliche Sprache. Wenn man etwas von sich preisgibt, ist man immer sehr sensibel und leicht zu verletzen.*
- ***positiv:*** *Sprechen Sie die positiven Aspekte an – mit ihnen kann man weiterarbeiten. Formulieren Sie Kritik nur als konkrete Anregung zur Verbesserung.*
- ***respektvoll:*** *Bleiben Sie immer wertschätzend gegenüber der Person, Themenwahl, Argumentation, und geben Sie keine Anweisungen.*
- ***ehrlich:*** *Sie sollten nicht lügen oder schmeicheln, sondern genau sagen, was Ihnen gefällt oder was Ihnen unklar ist oder komisch vorkommt. Erzählen Sie Ihre Assoziationen dazu, auch wenn sie scheinbar nichts damit zu tun haben.*

- ***konkret:*** *Vermeiden Sie Verallgemeinerungen. Bezeichnen Sie genau, welches Detail Sie meinten und was daran Sie gut oder weniger gut finden.*
- ***interessiert:*** *Seien Sie interessiert und stellen Sie Fragen, besonders wenn Ihnen etwas fehlt oder unklar erscheint.*

Wenn Sie Feedback bekommen, nehmen Sie es an wie ein Geschenk: Jemand hat sich die Mühe gemacht, sich mit Ihrer Sache auseinanderzusetzen und Ihnen etwas dazu mitzubringen. Ähnlich wie bei Geschenken bleibt es Ihnen überlassen, was Sie damit tun. Sie müssen nicht alles annehmen, was Sie als Feedback bekommen.

Versuchen Sie genau hinzuhören und nicht alles als Kritik aufzufassen, gegen die Sie sich rechtfertigen müssen. Das ist Ihre Chance zu erkennen, wo Sie noch etwas verbessern können.

Fragen Sie nach, wenn Ihnen eine Kritik ungerechtfertig erscheint, bevor Sie gleich zum Verteidigungsschlag ausholen. Auf der anderen Seite haben wir oft sehr hohe Ansprüche uns selbst gegenüber und fühlen uns durch jede Anregung in unserer selbstkritischen Haltung bestärkt: Nur durch die Möglichkeit, Fehler zu machen und diese zu erkennen, können Sie sich weiterentwickeln.

Damit ein Feedback Sie wirklich weiterbringt, stellen Sie selbst Fragen an Ihre Feedback-GeberInnen. Formulieren Sie genau, was Sie von ihnen wissen wollen und was nicht. Gut gemeintes Feedback zum falschen Zeitpunkt ist oft frustrierend. Kommunizieren Sie, in welchem Status Sie sich befinden und was Sie als Nächstes brauchen, dann kann Feedback eine gute Anleitung für Sie sein.

Yavuz A., 26 Jahre, Ausbildung zum Gefahrgutlenker:
Da Deutsch nicht meine Muttersprache ist, musste ich mir am Wochenende durch Recherchen viel selbst erarbeiten. Dadurch machte ich mich Sorgen, dass ich vielleicht einiges nicht richtig verstanden habe. Durch Diskussionen mit anderen Kursteilnehmern konnte ich diese Unsicherheiten aber überwinden.

Birgit S., 33 Jahre, Teilnehmerin am Kurs „Erfolgreiche Projektassistenz“:
Beim Lesen des Skriptums war ich mit den Gedanken oft nicht bei der Sache, sodass ich nach einigen Seiten nicht wusste, was ich eigentlich gelesen hatte. So kam ich auf die Idee, mir Randnotizen zu machen, die mir einerseits beim Suchen nach einem bestimmten Thema geholfen haben, andererseits halfen sie mir auch, konzentriert bei der Sache zu bleiben.

Sie werden tagtäglich mit einer Unmenge an Informationen bombardiert. Ihre Sinnesorgane nehmen zahlreiche verschiedene Eindrücke wahr. Glücklicherweise merken Sie sich nicht alles. Informationen, auf die Sie Ihre Aufmerksamkeit richten, behalten Sie eher als andere.

Ohne Aufmerksamkeit wird kein neues Wissen gelernt. Wenn Sie ein Buch lesen und mit Ihren Gedanken woanders sind, haben Sie keine Chance, sich den geschriebenen Text zu merken: Sie können nicht an 2 verschiedene Inhalte gleichzeitig denken.

Konzentration ist das bewusste Richten Ihrer Aufmerksamkeit: Je besser Sie in der Lage sind, Ihre Aufmerksamkeit zu steuern, desto besser können Sie sich konzentrieren.

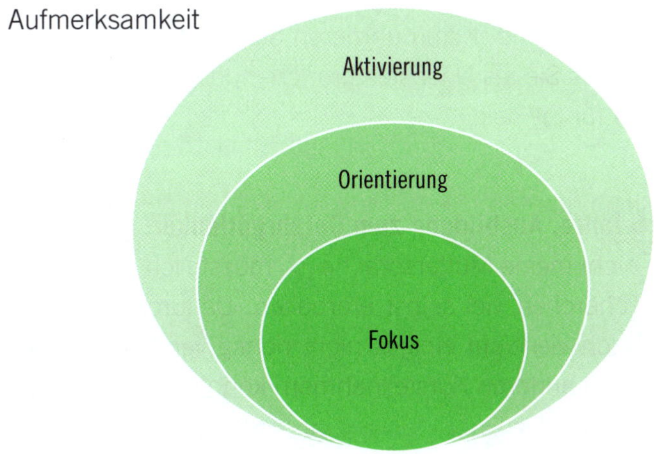

Aufmerksamkeit setzt sich aus 3 Komponenten zusammen: Aktivierung, Orientierung und Fokus (Carter, 1998).

- ***Aktivierung:*** *Sie sind aufnahmefähig.*
- ***Orientierung:*** *Sie richten Ihre Aufmerksamkeit auf einen bestimmten Punkt.*
- ***Fokus:*** *Sie halten Ihre Aufmerksamkeit bei einem Thema, Sie konzentrieren sich.*

Aktivierung

Der Hirnstamm ist der entwicklungsgeschichtlich älteste Teil unseres Gehirns. Er regelt alle vegetativen Funktionen und sorgt dafür, dass der Körper im Gleichgewicht ist. Durch den Hirnstamm zieht ein Nervenbündel (Formatio Reticularis), das für die Aktivierung des gesamten Gehirns zuständig ist und als „Hirnschrittmacher“ bezeichnet wird. Auf diese Art und Weise wird der Tag-Nacht-Rhythmus gesteuert und entschieden, ob Sie sich entkräftet oder aufgeweckt fühlen.

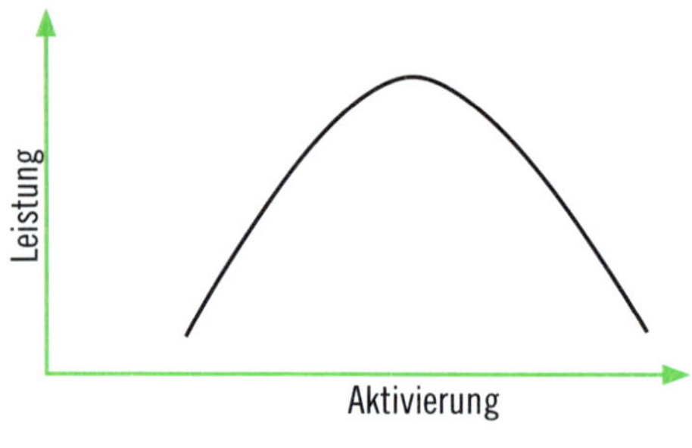

Das Yerkes-Dodson-Gesetz beschreibt das Verhältnis von Aktivierungslevel zu Leistungsfähigkeit. Je aktiver Sie sind, desto mehr können Sie leisten. Ab einem gewissen Punkt lässt sich unsere Kapazität allerdings nicht weiter steigern. Weitere Aktivierung führt nun zu einem Leistungsabfall: Sie fühlen sich „gestresst“.

Wahrscheinlich haben Sie beide Situationen schon einmal erlebt und waren entweder zu müde oder zu aufgeregt, um zielgerichtet arbeiten zu können.

Um optimal lernen zu können, benötigen Sie also ein bestimmtes Level an Aktivierung. Je nachdem, ob Sie zu viel oder zu wenig aktiviert sind, erreichen Sie das entweder durch Entspannungs- oder durch Aktivierungsübungen.

Entspannungsübungen

Natascha V., **25 Jahre, Ausbildung zur Weinexpertin:**
Ich hatte nach einigen gelernten Themen das Gefühl, nichts mehr aufnehmen zu können. Um keine Panik aufkommen zu lassen, das alles nicht schaffen zu können, habe ich mich über Entspannungsübungen informiert und diese dann bewusst durchgeführt. Ruhig und gelassen ließ es sich stets befreit weiterlernen.

Aktivierungsübungen

Stefan H., **22 Jahre, Mediendesigner in Ausbildung:**
Wenn mir vom Lernen der Kopf brummt, hab ich früher oft einfach ein Computerspiel aufgemacht und ein wenig gespielt. Das war zwar total entspannend, aber oft hab ich mich drei Stunden später erst wieder aufgerafft, und war dann eigentlich nicht erholter. Seit ich eine Dart-Scheibe im Zimmer habe ist das super: ich spiele eine Partie Dart. Indem ich mich ausschließlich auf das Zielen und die Dart-Scheibe konzentriere, werde ich total ruhig. Danach kann ich mich besser auf den Lernstoff konzentrieren, und wenn ich gute Würfe hatte, beflügelt mich das Erfolgserlebnis zusätzlich.

Achten Sie auf Ihren Körper

Aktivierung ist der erste Schritt zur Aufmerksamkeit. Sie sehen, Ihr Körper und der Zustand, in dem Sie sich befinden sind entscheidend für Ihre Konzentrationsfähigkeit.

Einige Faktoren können Sie steuern und eine gute Basis für Ihre Aufmerksamkeit setzen. Ausreichend Schlaf hilft Ihnen, Müdigkeit untertags zu vermeiden. Ihre Gehirnzellen benötigen Sauerstoff, genügend Wasser und einen konstanten Blutzuckerspiegel, um optimal arbeiten zu können.

Während Kaffee in üblichen Dosen keine negativen Auswirkungen auf Ihr Gehirn hat, schränken andere Genussmittel wie Nikotin und Alkohol Ihre Konzentration auf lange Sicht ein. Haschisch wirkt sich erwiesenermaßen negativ auf Ihr Gedächtnis und Ihre Konzentrationsfähigkeit aus, und Amphetamine können Ihren natürlichen Schlaf-Wach-Rhythmus ordentlich aus der Bahn werfen.

Wie bei anstrengenden Tätigkeiten, etwa bei ambitioniertem Sport, ist es auch für Gehirnakrobaten wichtig, sich in guter Verfassung ans Werk zu machen:

- *Sorgen Sie für genug Schlaf.*
- *Tanken Sie zwischendurch Sauerstoff.*
- *Stellen Sie immer etwas zu trinken zu Ihrem Arbeitsplatz.*
- *Sorgen Sie dafür, dass Ihr Blutzuckerspiegel nicht abfällt.*
- *Gönnen Sie sich Studentenfutter, Obst oder andere „Hirnnahrung“.*
- *Nikotin, Alkohol, Marihuana, Amphetamine und andere scheinbar aufputschende Mittel wirken nur kurzfristig bzw. sind langfristig negativ.*
- *Gehen Sie frisch geduscht und in Ihrer „offiziellen Lern- bzw. Schreibmontur“ an die Arbeit.*
- *Gönnen Sie sich vor allem bei Aufgaben, die eine sehr hohe Konzentration erfordern, regelmäßige Pausen: 10 Minuten konzentriert arbeiten und 5 Minuten Pause sind effektiver, als 15 Minuten Gedanken schweifen zu lassen.*
- *Gehen Sie nicht über Ihre Grenzen, ignorieren Sie nicht Ihre körperlichen Bedürfnisse.*

Facts: Cannabis und Gedächtnis.

Ein gerauchter Joint führt zu Euphorie, verlangsamtem Zeiterleben und Entspannung. Doch auch Aufmerksamkeitsstörungen, Verminderung der Reaktionsgeschwindigkeit und eine allgemeine Beeinträchtigung der persönlichen Leistungsfähigkeit sind Folgen des Cannabiskonsums (APA, 1994). Der Hauptwirkstoff der populärsten illegalen Droge, Tetrahydrocannabinol (THC), regt das Belohnungssystem zur Ausschüttung von Dopamin an, was zu seinem starken psychischen Suchtpotenzial führt.

Langfristig wirkt sich der Genuss negativ auf das Gedächtnis aus. Das Neurotoxin THC führt zum Absterben von Gehirnzellen (Chan et. al., 1994) und entfaltet seine Wirkung direkt in der Gedächtniszentrale unseres Gehirns: an CB1-Rezeptoren im Hippocampus (Ameri, 1999). In mehreren Studien wurde gezeigt, dass langfristiger Cannabiskonsum das Kurzzeitgedächtnis beeinträchtigt (Schwartz, 1991 sowie Millsaps et al., 1994). 2001 wurden Jugendliche online über ihren Drogenkonsum befragt und ihre subjektive Gedächtnisleistung erhoben (Rogers et al., 2001). Während Ecstasy-Konsum mit Langzeitgedächtnisstörungen einherging, berichteten Cannabis-User von alltäglichen Problemen, die auf ein beeinträchtigtes Kurzzeitgedächtnis hinwiesen.

Der Genuss eines Joints führt also momentan zu Aufmerksamkeitsstörungen und setzt somit die unmittelbare Lernleistung herab. Langfristig zerstört er das Kurzzeitgedächtnis. Der Cannabis-User bemerkt nach einmaligem Konsum keine akuten Gedächtnisausfälle. Schäden treten erst nach langfristigem Gebrauch schleichend und unauffällig ein, können aber schwerwiegend für die Gedächtnisleistung in Studium und Alltag sein.

Orientierung

Nach der Aktivierung folgt die Orientierung am Weg zur Konzentration. Wichtige Reize in der Umgebung werden identifiziert und unsere Aufmerksamkeit auf sie gelenkt.

Unser Zwischenhirn, ein älterer Teil unseres Gehirns, der größtenteils unbewusst arbeitet, entscheidet, welche Reize unsere Aufmerksamkeit bekommen und welche nicht. Im Laufe der Evolution haben sich automatische Orientierungsmechanismen entwickelt. Bestimmte Reize ziehen unsere Aufmerksamkeit automatisch auf sich:

- ***neue Reize:*** *Gibt es Vortragende, bei denen Sie besonders große Schwierigkeiten haben, bei der Sache zu bleiben? Ist das zufällig jemand, der dazu neigt, ständig im selben Tonfall ohne große Gestik oder Mimik zu reden? Monotonie ist für unser Gehirn wie eine Schlaftablette, erst neue Reize geben uns das Signal: „Hoppla, da passiert was!" Bewegung, ein Wechsel der Lautstärke oder ein neues Geräusch bekommen unsere volle Aufmerksamkeit.*
- ***unerwartete Reize:*** *Widersprüchliche Informationen verdienen besondere Achtsamkeit. Ist eine Reaktion anders, als Sie sie erwartet hätten, versuchen Sie die Situation zu analysieren. Selber Fragen zu formulieren kann diesen Effekt verstärken: Überraschende Lösungen aktivieren Ihre Gehirnzellen.*
- ***Signalreize:*** *Reize, die für Sie besondere Wichtigkeit haben, werden deutlicher wahrgenommen. Der so genannte „Cocktailparty-Effekt" beschreibt, wie Sie in einem Raum voll Stimmengewirr Ihren eigenen Namen heraushören können, ohne den anderen Gesprächen zu folgen. Auch das Piepsen Ihres Handys, sobald Sie eine SMS bekommen, ist möglicherweise so ein Signalreiz.*

Ablenkungen vermeiden

Ihre Aufmerksamkeit ist immer auf irgendetwas gerichtet. Die Frage ist nur: worauf? Sobald das Aktivierungslevel stimmt, gibt es „unaufmerksam" nicht.

Wenn Sie am Schreibtisch sitzen und neben Ihnen eine neue Bewegung wahrnehmen, werden Sie Ihre Aufmerksamkeit kurz auf diesen Reiz lenken. Neben Bewegungen können auch Geräusche diese unbewusste Orientierungsreaktion auslösen.

Wählen Sie darum möglichst ruhige Lern- oder Schreiborte, wenn Sie sich uneingeschränkt konzentrieren möchten. Besonders störend sind unregelmäßige Ablenkungen.

Bewegung: das Vorbeisausen verschiedener Landschaften vor dem Zugabteil ist weniger ablenkend als die Abteiltür, die ab und zu aufgeht, wenn ein anderer Fahrgast ein- oder aussteigt.

Geräusche: Musik, die Sie im Hintergrund hören, stört Sie weniger bei der Arbeit als eine Person, die hin und wieder neben Ihnen ein Telefongespräch führt.

Wenn Sie sich schlecht konzentrieren können, finden Sie heraus, was Sie bei der Arbeit ablenkt. Entwickeln Sie für jede Art der Ablenkung eine Gegenstrategie.

Ing. Jakob S., 36 Jahre, Absolvent des Lehrgangs zum „Microsoft Certified IT Professional":
Da ich mich leicht ablenken lasse, habe ich nach anfänglichen Konzentrationsschwierigkeiten mein Handy abgeschaltet, die Internetverbindung getrennt und mir sozusagen eine Alltagsauszeit genommen. Nach der Erarbeitung des vorgenommenen Stoffes war ich sehr zufrieden, wie gut ich vorangekommen bin.

Ablenk-Sieger unter allen Reizauslösern ist übrigens der Fernseher. Er kombiniert nämlich viele Eigenschaften, die sich hervorragend eignen, eine Orientierungsreaktion auszulösen: Das Flimmern des Fernsehbildes ist selbst aus dem Augenwinkel noch wahrnehmbar; bunte Bilder wechseln einander schnell ab, gepaart mit einer vielfältigen Geräuschkulisse; Werbesequenzen werden mit einer (relativ lauten) Melodie eingeleitet und Perspektiven wechseln ständig. Fazit: Ein laufender Fernseher stellt für Ihr Arbeitsbuch eine unbesiegbare Konkurrenz dar.

Fokus

Nach Aktivierung und Orientierung bleibt noch die Fokussierung, der letzte Schritt zur Konzentration. Denn sobald Sie Ihre Aufmerksamkeit auf ein Thema gerichtet haben, geht es darum, diese da auch dort zu halten.

Aktivierung und Orientierung werden von evolutionär älteren Teilen unseres Gehirns gesteuert und unterliegen nicht Ihrer bewussten Kontrolle. Erst auf der Stufe des Fokussierens tritt Ihr Frontalhirn in Aktion. Es ist der Teil des Großhirns, der dafür zuständig ist, Ihre Pläne, Ziele und Bedürfnisse unter einen Hut zu bringen, der Sitz Ihres „Selbst" und vieler Eigenschaften, die Sie als Person ausmachen. Dank ihm können Sie sich auf eine Sache konzentrieren, selbst wenn viele Ablenkungen präsent sind.

Konzentrieren Sie sich!

Lesen Sie den folgenden kurzen Test über Konzentrationsübungen, er ist hervorgehoben. Zur Ablenkung sind Begriffe dazwischengerutscht – ignorieren Sie alle normal gedruckten Begriffe.

> **Zahlreiche Konzentrationsübungen** Haus Buch Auto **versuchen, die Fähigkeit** Schule **zur Fokussierung** Spiel Blume **zu trainieren. Sie werden merken,** Kino Haus **dass Sie sich bei gewissen Tätigkeiten** Buch **leichter konzentrieren können** Auto **als bei anderen: so sind Sie,** Schule **während Sie einen spannenden Krimi** Spiel **lesen, wahrscheinlich voll und ganz** Blume **bei** Kino **der Sache.**

Konnten Sie den Text lesen? Können Sie sich an irgendwelche der dazwischengerutschten Wörter erinnern? Ist Ihnen aufgefallen, dass dieselben 7 Wörter 2-mal wiederholt wurden?

Wahrscheinlich nicht. Sie konnten sich gut auf den Text konzentrieren und haben die Ablenkungen einfach ausgeblendet.

Finden Sie heraus, wann Sie sich besonders gut konzentrieren können. Trainieren Sie Ihre Konzentration, indem Sie diese Tätigkeiten bewusst ausüben. Achten Sie darauf, wie lange Sie bei der Sache bleiben.

Logische Rätsel, Sudokus, Kreuzworträtsel, Denksport – es gibt eine breite Palette an kniffligen Herausforderungen, durch die Sie Ihre Fähigkeit zu fokussieren erproben und trainieren können.

Sichern Sie Ihre Konzentration

Selbst wenn man alle Vorsichtsmaßnahmen berücksichtigt, kann es passieren, dass Ihre Gedanken zwischendurch abschweifen.

Helfen Sie sich selber dabei, fokussiert zu bleiben, durch

- *Unterstreichen.*
- *Mitschreiben.*
- *Formulieren eigener Fragen.*

Sie sehen, Konzentration ist ein vielschichtiger Prozess. Wenn Sie merken, dass Ihre Aufmerksamkeit nachlässt, überprüfen Sie alle 3 Ebenen: Aktivierung, Orientierung und Fokus, und finden Sie heraus, woran Ihre Konzentration scheitert.

ORGANISIEREN SIE IHRE

Investieren Sie in Ihr Zeitmanagement!

- *Erstellen Sie einen detaillierten Jahresplan*
- *Nutzen Sie Ihre produktiven Freizeiten*
- *Setzen Sie sich Meilensteine*
- *Prüfen Sie Ihre Fortschritte*
- *Besiegen Sie Ihren inneren Schweinehund*

Spornen Sie sich an!

- *Ziele motivieren Sie*
- *Denken Sie optimistisch*
- *Belohnen Sie sich für jeden Erfolg*

Optimieren Sie Ihre Arbeitsumgebung!

- *Gönnen Sie sich gute Materialien*
- *Gestalten Sie Ihren Arbeitsraum stimulierend*
- *Finden Sie die besten Orte für jede Tätigkeit*

WEITERBILDUNG!

Profitieren Sie von Teamwork

- *Bilden Sie Arbeitsgruppen*
- *Holen Sie sich Feedback*
- *Diskutieren Sie Ihre Themen*

Steigern Sie Ihre Konzentration

- *Achten Sie auf Ihren Körper*
- *Vermeiden Sie Ablenkungen*
- *Fokussieren Sie Ihre Aufmerksamkeit*

HANDWERKSZEUG

Lernen können Sie lernen. Wie bei allen komplexen Fertigkeiten gibt es grundlegende Techniken – das Handwerkszeug –, die man beherrschen sollte, so wie man beim Basketball mit Schritttechnik und beim Klavierspielen mit Tonleitern beginnt.

Wichtig ist, dass Sie alle Ihre Sinne für Ihren Arbeitsprozess verwenden, vom genauen Betrachten über das Hören und Lesen bis hin zum aktiven Schreiben und Visualisieren. In diesem Kapitel vermitteln wir Ihnen für jede dieser Tätigkeiten ein paar grundsätzliche Methoden. Unter anderem erfahren Sie, wie Sie viel aus Vorträgen mitnehmen, Literatur schnell nach Informationen durchkämmen und Gedanken in Worte fassen. Weiters lernen Sie, effizient Notizen zu machen und Gedankengänge visuell darzustellen. So füllt sich Ihr Handwerkskoffer und Sie können aus dem Vollen schöpfen, wenn Sie ein neues Projekt starten.

Dieses Grundrepertoire können Sie dann für verschiedene Zwecke in den unterschiedlichen Stadien des Lern- oder auch des Schreibprozesses einsetzen und verfeinern.

LERNEN MIT ALLEN SINNEN

Im Laufe eines Lernprozesses fließen Informationen von verschiedensten Wahrnehmungsebenen zusammen und vermischen sich mit dem, was in unserem Kopf bereits vorhanden ist.

Maurice M., 20 Jahre, Ausbildung zum Berufs- und Bildungberater:
Um für meine Ausbildung richtig lernen zu lernen, habe ich im Internet recherchiert und mich über Lerntechniken informiert. Da konnte ich meinen Lerntypen testen. Ich war eindeutig ein so genannter „visueller" Lerntyp. Natürlich habe ich aus den Erkenntnissen Konsequenzen gezogen. Um meine Zeit effektiv zu nützen, habe ich beschlossen, weniger Präsenzveranstaltungen zu besuchen – immerhin bin ich ja kein auditiver Lerntyp.

Bis ich mich mit einer befreundeten Psychologie-Studentin über das Thema unterhalten habe. Sie hat nach meiner Erzählung kurz gelacht und mir erklärt, dass die Lerntypentheorie unter Psychologen ein umstrittenes Thema ist. Aufgrund eines Online-Selbst-Tests ganz auf Präsenzveranstaltungen zu verzichtet, finden sie keine besonders gute Idee. Ich habe die Chance genutzt, und das im Lehrgang angebotene E-Learning Modul ausprobiert. Es hat mir sehr viel Spaß gemacht, und ich werde das in Zukunft öfter nutzen.

Lerntypen

Das weit verbreitete „Lerntypen-Konzept" ist eine grobe Vereinfachung, die oft dazu geführt hat, dass man die Wahrnehmungskanäle, die nicht dem eigenen Lerntyp entsprachen, vernachlässigt hat. Aber alle Menschen sind gemischte Lerntypen, setzen also alle Wahrnehmungsorgane ein, um zu lernen.

Facts: Lerntypen.
Das Lerntypenkonzept unterscheidet zwischen visuellen, auditiven und kinästhetischen Lerntypen. Es ist weit verbreitet, unter LernpsychologInnen allerdings umstritten (Coffield et al., 2004). Das Lerntypenmodell impliziert fixe vorgesetzte Präferenzen und nimmt dabei wenig Rücksicht auf situationsbedingte Unterschiede und Veränderungen (z. B. Lernstoff, Tageszeit etc.) bzw. Entwicklungen persönlicher Lernstrategien. So ist es nicht nur wichtig, persönliche Vorlieben zu erkennen und zu fördern, sondern sicherlich ebenso wirksam, neue Möglichkeiten und Wege zu entdecken.

Sie arbeiten und lernen am besten, wenn möglichst viele Wahrnehmungskanäle im Einsatz sind. Ihr Gehirn verbindet alle Informationen zu einem ganzheitlichen Bild, das umso plastischer und mehrdimensionaler wird, je mehr Inputebenen dazu beitragen.

Wenn Sie auf eine Art vermeintlich schlechter lernen können, muss das nicht unbedingt an Ihrem Lerntyp liegen: Viele Lernmethoden sind einfach Übungssache, und von klein auf eingelernte Strategien sind nicht so leicht zu ändern. Um Ihre Lernstrategien zu erweitern, können Sie ungewohnte Wahrnehmungskanäle schulen.

BETRACHTEN

Der Mensch ist ein Augentier – unser hauptsächlicher und am meisten ausgeprägter Wahrnehmungskanal ist der visuelle. Das heißt, dass Sie visuelle Informationen am tiefsten und umfassendsten verarbeiten können.

Facts: Die Macht der Bilder.
Gehirnforscher postulieren die so genannte Dual-Code-Theorie (Paivio, 1986). Laut dieser stehen uns für die Verarbeitung von Informationen 2 Wege zur Verfügung: ein verbaler sowie ein visueller. In Gedächtnistests schneiden Versuchspersonen deutlich besser ab, sobald Begriffe nicht nur verbal, sondern auch als Bilder angeboten werden. Nach dem Motto „two codes are better than one" erklärt die Dual-Code-Theorie diesen Effekt dadurch, dass 2 Codes zur Erinnerung zur Verfügung stehen. Demnach erinnern wir uns an Informationen dann am besten, wenn sie sowohl bildlich als auch wörtlich angeboten werden.

Versuchen Sie zur Verdeutlichung Folgendes: Prägen Sie sich die folgenden 20 Begriffe ein, lesen Sie sich die Liste dafür nur ein einziges Mal durch:

Kokosnuss	Leuchtturm 	Motorrad	Segelschiff 	CD-Spieler
Bügeleisen 	Känguru	Toastbrot 	Ampel	Tiger 
Flohmarkt	Mikroskop 	Hochhaus	Regen 	Streichkäse
Waage 	Mond	Fußball 	Vorhang	Bus 

Versuchen Sie sich nun an so viele Begriffe wie möglich zu erinnern und werten Sie anschließend Ihr Ergebnis aus. Die Reihenfolge der Begriffe spielt dabei keine Rolle. Wie viele Worte haben Sie sich gemerkt?

Haben Sie sich mehr von den Begriffen gemerkt, bei denen auch eine Abbildung zur Verfügung gestellt wurde, dann geht es Ihnen wie den meisten Versuchspersonen.

Lesen Sie folgenden Text einmal aufmerksam durch:
Trommelbremsen sind Radialbremsen, bei der Bremsbeläge auf einer zylindrischen Fläche (die Trommel) wirken. Der Druck auf das Bremspedal führt dazu, dass Bremsflüssigkeit über den Schlauch in den Radzylinder gepresst wird. Im Radzylinder setzt der steigende Druck Kolben in Bewegung, die die Bremsbacken gegen die Bremstrommel drücken. Der Druck der Bremsbacken gegen die Bremstrommel stoppt bzw. verlangsamt die Drehbewegung von Trommel und Reifen.

Versuchen Sie jetzt die Funktionsweise einer Bremse zu erklären.

Viel einfacher fällt eine Erklärung, wenn Sie dabei eine visuelle Darstellung betrachten können:

Hilft Ihnen diese Abbildung weiter?

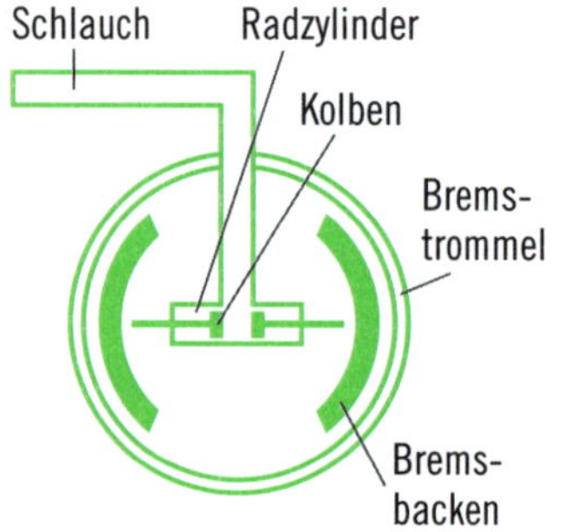

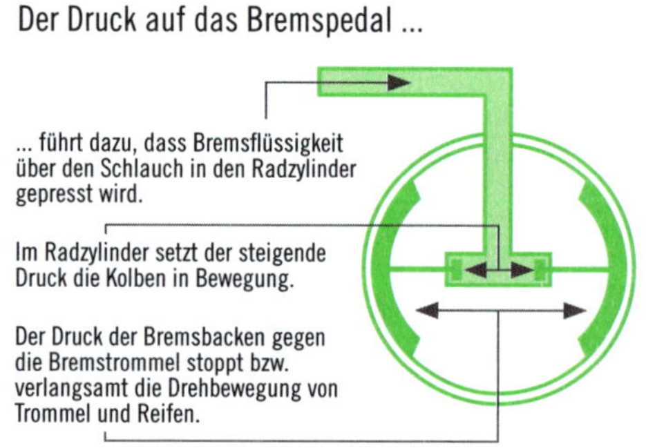

Facts: Ein Bild sagt mehr als tausend Worte.
Diese Abbildung eines Bremssystems haben Mayer und Gallini (1990) eingesetzt, um den didaktischen Wert von Abbildungen zu evaluieren. Illustrationen führten zu einem besseren Verständnis und einer umfangreicheren Speicherung der erklärten Inhalte. Besonders wirksam sind Abbildungen, wenn erklärende Informationen direkt in die Zeichnung integriert werden.

Sie erinnern sich leichter an Informationen, die Sie sich bildlich vorstellen können.

Suchen Sie aktiv Bilder und visuell Darstellungen von Sachverhalten. Lernen Sie nicht nur von reinen Texten, sondern betrachten Sie Grafiken, Bilder, Fotos und Schemen aufmerksam.

Nicht immer werden Bilder von außen zur Verfügung gestellt, dann können Sie Ihre eigenen Bilder kreieren.

Trainieren Sie Ihre Vorstellungskraft

Stellen Sie sich ein Schiff vor.

Befolgen Sie die folgenden Schritte, um es noch lebendiger werden zu lassen:

- ***Grundform:*** *Was unterscheidet Ihr Schiff von anderen Schiffen? Ist es ein Segelschiff, eine Motorjacht oder ein Ruderboot? Entscheiden Sie sich, welche Form Ihr Schiff annimmt.*
- ***Farben:*** *Bringen Sie Farben ins Spiel und stellen Sie sich Ihr Schiff in leuchtenden Farben vor.*
- ***Bewegung:*** *Die meisten mentalen Bilder können dynamisch sein. Erwecken Sie Ihr Bild zum Leben.*
- ***Geräusche:*** *Wie „hört“ sich Ihre Vorstellung an?*
- ***Tastsinn:*** *Können Sie den Wind im Gesicht spüren? Stellen Sie sich vor, wie sich die Oberfläche Ihres Schiffes anfühlt.*

- ***Gerüche:*** *Können Sie sich einen passenden Geruch vorstellen?*
- ***Details:*** *Möchten Sie Ihrem Bild noch weitere Details hinzufügen?*
- ***Übertreiben:*** *Wenn ein Bild für Sie besonders wichtig ist, können Sie es in Ihrer Vorstellung hervorheben: Lassen Sie es vor Ihrem inneren Auge riesengroß werden. Sie können ebenso in der Anzahl übertreiben: Statt einem Schiff erscheint gleich eine ganze Flotte ...*

Wie sieht das Schiff aus, das Sie jetzt vor Augen haben? Inwieweit unterscheidet es sich von Ihrem ersten Bild?

Nützen Sie Ihre Vorstellungskraft, während Sie lernen, indem Sie sich die beschriebene Szenen detailliert vorstellen. So überprüfen Sie, ob Sie eine Erklärung wirklich verstanden haben.

ZUHÖREN

Wer Ohren hat zu hören, der höre.
Matth. 11,15

Ist Ihnen das schon mal passiert: Sie haben einen kurzen Text geschrieben und lesen ihn jemandem vor. Plötzlich fällt Ihnen selber auf, dass ein paar Sätze komisch klingen und sogar Ihnen als AutorIn unverständlich erscheinen. Wieso ist Ihnen das beim Schreiben und Durchlesen nicht aufgefallen?

Der Grund dafür ist die zusätzliche Qualität und Information, die Hören vermittelt: Intonation, Melodie, Akzente, Tonhöhe, Geschwindigkeit und Lautstärke. Sie wechseln von der Position des Senders von Information in die Position des Empfängers. In dieser Rolle sind Sie viel sensibler dafür, welche Mitteilung tatsächlich bei Ihnen ankommt.

Auf je mehr Kanälen dieselbe Information übermittelt wird, desto mehr Aspekte davon kommen an. Hören ist im Gegensatz zu Lesen eine angeborene Fähigkeit. Sprache akustisch wahrzunehmen und zu verstehen ist tief verwurzelt in Ihrer Kognition.

Für Ihren Lernprozess heißt das:

- *Lesen Sie sich Texte laut vor, oder lassen Sie sie sich laut vorlesen. Das gilt besonders für eigene Texte.*
- *Hören Sie sich einen Vortrag an, selbst wenn es ohnehin ein Skriptum dazu gibt.*
- *Suchen Sie Radiobeiträge und Podcasts zu Ihrem Thema im Internet und hören Sie sie sich an. Zum Beispiel auf Ihrem mp3-Player in der Sonne liegend oder vorm Einschlafen.*
- *Erzählen Sie anderen über Ihren Lernstoff und lassen Sie sich von anderen über Ihren Lernstoff erzählen.*
- *Sprechen Sie wichtige Merksätze laut aus oder sprechen Sie Erklärungen auf Tonband und hören Sie sie sich später an.*
- *Ihnen selbst zuhören, indem Sie Selbstgespräche führen, ist beim Lernen ausdrücklich erwünscht.*

Hören Sie aufmerksam zu

Gerade beim Zuhören ist es besonders relevant, wohin unsere Aufmerksamkeit gerichtet ist. Insbesondere wenn Sie aus einer vielschichtigen Geräuschkulisse Informationen selektieren mussten, ist hohe Konzentration nötig.

Zuhören vorbereiten

Bereiten Sie sich auf das Zuhören vor und überlegen Sie sich, was Sie besonders interessiert, definiereen Sie wichtige Schlagworte: Indem Sie Ihrem selektiven Gehör vorgeben, worauf es achten soll, überhören Sie nicht so leicht wichtige Punkte. Legen Sie fest, welche Informationen Sie suchen und erwarten.

Rufen Sie sich bei mehrteiligen Fortbildungsveranstaltungen die vorhergehende Einheit in Erinnerung und werfen Sie einen Blick auf Ihre alten Notizen.

Aktiv zuhören

Verhindern Sie, dass Ihre Gedanken „wandern", und machen Sie unbedingt Notizen, während Sie zuhören. Nähere Informationen zum Notieren und Mitschreiben finden Sie später in diesem Kapitel. Überlegen Sie sich zwischendurch, ob Sie alles verstanden haben, und melden Sie sich zu Wort, um Anmerkungen zu machen oder Fragen zu stellen.

Zuhören nachbereiten

Geben Sie sich selber die Zeit, das Gehörte zu verarbeiten. Überarbeiten Sie Ihre Notizen und unterhalten Sie sich mit Ihren KollegInnen über offene Punkte.

Achten Sie auf unterschwellige Informationen

Beim Zuhören bekommen Sie eine Menge an Zusatzinformationen über die rein sprachliche Mitteilung hinaus: Aus Betonung, Pausen, Tonlage und Tonfall, Veränderung von Lautstärke, Frequenz und Tonhöhe oder Sprechgeschwindigkeit gewinnen Sie einen viel umfassenderen Eindruck über Bedeutung und Kontext des Gesagten.

DI (FH) Dragan S., 28 Jahre, Teilnehmer am Kurs „Bauvertragsrecht":
Da ich leichter lerne, wenn ich den Stoff gehört und bewusst mitgedacht habe, fing ich an, die Kurseinheiten aufzunehmen und sie mir am Wochenende in entspannter Umgebung nochmals anzuhören.

Informationen können bewusst oder unbewusst gesendet werden – wir sind auf jeden Fall MeisterInnen im Herausfiltern von Nuancen. Aufmerksame ZuhörerInnen erwerben einen umfassenderen Eindruck des vermittelten Gegenstandes.

LESEN

Lesen ist ein faszinierend komplexer Prozess: Aus schwarzen Farbstrichen auf hellem Hintergrund entstehen in Ihrem Kopf Bilder, Personen, Gefühle, Welten, Ideen oder Erkenntnisse. Man liest sich in eine andere Welt ein!

Lesen ist nicht Übersetzen von Zeichen in Sprache in einem Schritt: Sie haben vielleicht schon mal etwas durchgelesen, aber schon eine Minute später keine Ahnung mehr davon. Beim lauten Vorlesen ist Ihnen das vielleicht schon passiert, wenn Sie sich auf schönes und richtiges Vorlesen konzentriert haben. Der erste Schritt des Lesens – reine Übersetzung in gesprochene Sprache – läuft bei LeserInnen ab dem Grundschulniveau automatisiert ab, das heißt, unabhängig vom Erkennen oder gar Verstehen der im Text enthaltenen Inhalte.

Um richtig gut lesen zu können, müssen Sie unterschiedliche Lesearten beherrschen und zum passenden Zeitpunkt einsetzen können. Zu unterschiedlichen Punkten im Arbeitsprozess brauchen Sie also verschiedene Lesetechniken.

Querlesen

Beim Querlesen geht es nicht darum, einen einzelnen Text in allen Details durchzulesen und zu verstehen. Vielmehr soll in kurzer Zeit erfasst werden, worum es in dem Text geht und worum nicht. Sie wolllen möglichst viel Literatur möglichst schnell einschätzen, um zu wissen, welche Informationen darin stecken und wofür Sie den jeweiligen Text verwenden können.

Die SQR-Methode

Von Werder und Schulte-Steinecker (2001) empfehlen die SQR-Methode, um Texte schnell zu analysieren. Sie besteht aus 3 Schritten: Survey – Question – Read.

Survey
Verschaffen Sie sich einen ersten Eindruck, in nur 1 bis 2 Minuten. Lesen Sie dafür nur Autor, Titel, Untertitel und Schlagwörter. Überfliegen Sie Umschlagtexte und Klappentexte oder Abstracts.

Question
Überlegen Sie kurz, was an dieser Literatur für Sie von Interesse sein könnte. Formulieren Sie Themenbereiche oder Fragen, auf die Sie sich aus diesem Text eine Antwort erhoffen. Notieren Sie ebenso die folgenden Punkte: Übersichtlichkeit, Sprache sowie Illustrationen und Beispiele.

Read – Querlesen
Achten Sie beim Lesen nur auf jene Stellen, die geballte Informationen enthalten: Dort finden Sie die wichtigsten Punkte.

Notieren Sie sich stichwortartig alles Interessante. Nehmen Sie sich für alle 3 SQR-Schritte insgesamt 10 bis 20 Minuten Zeit.

Welche Text-Elemente schauen Sie sich dabei am besten an?

- ***Inhaltsverzeichnis:*** *Schauen Sie sich die einzelnen Unterpunkte genau an und notieren Sie die für Sie interessanten Kapitel und Seiten.*
- ***Literaturverzeichnis und Register, Indexwörter:*** *Kommen hier wichtige Namen, Arbeiten und Schlagworte vor? Notieren Sie deren Standort im Text.*
- ***Zusammenfassung, Schluss, Diskussion und Konklusion:*** *Hier wird meist alles noch mal auf den Punkt gebracht.*
- ***Tabellen:*** *Tabellen werden gerne „überlesen", eignen sich aber hervorragend, um einzelne Punkte miteinander zu vergleichen und Unterschiede auf einen Blick zu erkennen.*
- ***Grafiken:*** *alles auf einen Blick. Nehmen Sie sich die Zeit, erklärende Grafiken zu betrachten, um Zusammenhänge zu erkennen.*
- ***Beschriftungen:*** *Auch Beschriftungen lohnen sich, gelesen zu werden. In den kurzen Sätzen verstecken sich oft wichtige Definitionen und prägnante Erklärungen.*

Achten Sie auch darauf, wie gut handhabbar der Text ist. Wenn Sie mehrere Fachtexte oder Bücher zur Auswahl haben, nehmen Sie jenes, das Sie am meisten anspricht. Verlassen Sie sich auf Ihren ersten Eindruck:

- ***Optischer Eindruck:*** *Ist das Buch angenehm durchzublättern? Gut strukturiert? Finden Sie sich leicht zurecht? Gibt es Illustrationen und grafische Darstellungen oder aussagekräftige Tabellen?*
- ***Sprache und Stil:*** *Lesen Sie an beliebigen Stellen hinein: Liest sich der Text fließend? Spricht Sie der Stil an? Kommen viele unbekannte Worte oder verschachtelte Formulierungen vor?*

Danach treffen Sie eine erste Einschätzung: Ist diese Literaturquelle für Ihren Zweck brauchbar?

Welche Abschnitte klingen besonders gut? Wo sind die interessanten Informationen versteckt?

Märtin (2003) schlägt vor, das ganze Material in 3 Kategorien zu teilen (am einfachsten direkt im Clustering oder mit Post-Its):

1. *Von höchster Bedeutung für mein Thema.*
2. *Erweiternde Informationen, wahrscheinlich wichtig.*
3. *Randthemen wie Einzelaspekte, zusätzliche Argumente und Informationen.*

Diese Aufteilung hilft Ihnen später zu entscheiden, welche Quellen relevant sind und welche nicht.

Schnelllesetechniken

Variieren Sie Ihre Lesegeschwindigkeit. Schnelllesetechniken sind vor allem dazu gut, eine große Menge an Text schnell überblicken zu können und die wesentlichen Informationen herauszufiltern. Für nachhaltiges Merken sind all diese Techniken nicht geeignet, wohl aber, um einen guten Eindruck vom Inhalt eines Textes oder Buches zu bekommen.

Wie funktionieren Schnelllesetechniken?

Versuchen Sie folgende Sätze zu lesen, nehmen Sie sich ruhig etwas Zeit dafür:

- *SYX KQNNXN QYCH XHNY VQKXLX LYSXN*
- *Ihc hbae im Rtesauarnt zu Aebnd gessgeen.*

Und, konnten Sie sie lesen?

Der erste Satz lautet: Sie können auch ohne Vokale lesen. Geübte LeserInnen nehmen nicht mehr einzelne Buchstaben wahr, sondern gesamte Wörter.

Facts: Lesen ohne Vokale.
Das phönizische Alphabet, ein Schriftsystem aus etwa 1000 vor Christus, von dem sich unsere heutige Schrift wahrscheinlich ableitet, beinhaltete nur Konsonanten. Auch Hebräisch und Arabisch kommen in ihrer Schriftsprache ganz ohne Selbstlaute aus.

Auch den zweiten Satz konnten Sie sicher problemlos lesen. Unser Leserahmen umfasst mindestens ein Wort. Wenn einige Buchstaben falsch oder durcheinander sind, können Sie trotzdem problemlos die richtige Bedeutung zuordnen.

Vergrößern Sie Ihr Wahrnehmungsfeld

Schnelllesetechniken arbeiten vor allem mit der Vergrößerung des Wahrnehmungsrahmens. Das können Sie üben: Steigern Sie Ihr Wahrnehmungsfenster allmählich vom einzelnen Wort zur ganzen Seite. Hier ein paar Tipps dazu:

- *Versuchen Sie den Text mit den Augen zu fotografieren: Werfen Sie Ihren Blick in die Mitte eines Satzes, eines Absatzes oder später einer ganzen Seite.*
- *Versuchen Sie bewusst nicht zu lesen, sondern nur zu schauen. Betrachten Sie die einzelnen Textbestandteile wie Bilder.*
- *Lassen Sie Ihren Blick über die Seite schweifen, ohne zu lange an einem Wort oder gar Buchstaben zu verweilen.*
- *Führen Sie Ihren Blick kreisend oder wellenförmig über den Text.*
- *Geben Sie sich pro Seite nur 1 Minute Zeit und reduzieren Sie diese Zeitspanne auf bis zu 3 Sekunden.*
- *Verwenden Sie ein Metronom zum Umblättern im Takt.*
- *Überprüfen Sie danach, woran Sie sich erinnern, an welche Worte oder gar Sätze. Schreiben Sie einen kurzen Absatz mit dem Beginn: „In diesem Text geht es um ..." Sie werden erstaunt sein, wie viel Sie sich gemerkt haben.*

Facts: Lesegeschwindigkeiten.

Die Lesegeschwindigkeit variiert nicht nur von Person zu Person, sondern ist auch abhängig von der Art des Lesens und der Textsorte. Während wir bei Unterhaltungslektüre 250 Wörter pro Minute erfassen, sinkt die Lesegeschwindigkeit bei sorgfältigem Lesen von wissenschaftlichen Texten auf 135 Wörter pro Minute. Handelt es sich um technische Texte mit vielen Fachbegriffen oder gar fremdsprachliche Texte, lesen wir nur noch 75 Wörter pro Minute (Werder, 2001). Beim schnellen Querlesen erreichen trainierte LeserInnen hingegen sogar bis zu 1000 Wörter pro Minute. Wichtig ist auch die Leseroutine: GrundschülerInnen lesen ungefähr 110 bis 150 Wörter pro Minute, die durchschnittliche Lesegeschwindigkeit nach Ende der Schulausbildung beträgt 250 Wörter pro Minute und steigert sich bei guten LeserInnen mit Hochschulniveau auf 400 Wörter pro Minute (Böglin, 2007).

Schnelllesen ohne Umwege

Mit diesen Techniken beschleunigen Sie automatisch Ihre Lesegeschwindigkeit, aber es gibt noch andere Mechanismen, die Ihr Lesen effizienter und damit schneller machen können:

- *Trainieren Sie das schnelle Erkennen von Bedeutungen: Achten Sie nicht auf Füllwörter, sondern nur auf aussagekräftige Termini und Verben. Reduzieren Sie Ihre Aufmerksamkeit auf Telegrammstil.*
- *Ihr Auge folgt Bewegung: Führen Sie Ihren Blick mit einem Stift oder dem Finger. Beginnen Sie zeilenweise, dann schräg von links oben nach rechts unten, und schließlich fahren Sie die Seite in der Mitte senkrecht hinunter.*
- *Nicht mitsprechen: Sie können viel schneller lesen als sprechen. Wenn Sie die Worte in Gedanken mitsprechen, verlangsamen Sie Ihr Lesen, also drehen Sie Ihre innere Lesestimme ab.*

Aufmerksames Lesen

Lass dich durch deine Lektüre nicht beherrschen,
sondern herrsche über sie.
Georg Christoph Lichtenberg

Lesen hat viel gemeinsam mit Zuhören. Genauso wie beim Zuhören ist Ihre Aufmerksamkeit wesentlich. Sie kennen sicher die Situation, dass Ihnen jemand etwas erzählt, und Sie erinnern sich an nichts. Obwohl Sie alles hören, dringt nur das in Ihr Bewusstsein vor, was in Bezug steht zu Dingen, die Sie zuvor als wichtig markiert haben. Genauso wie Sie plötzlich überall Schwangere sehen, wenn Sie ein Kind bekommen, und Ihnen besondere Autos auffallen, wenn Sie sich gerade selbst eines zulegen wollen.

Nutzen Sie diese selektive Wahrnehmung, um Ihr Leseergebnis zu verbessern.

Interview mit Ihrem Text

Wenn Sie sich vornehmen, einen Text zu lesen, stellen Sie sich vor, Sie würden ihn interviewen. Wie würden Sie sich auf ein Interview vorbereiten?

Überlegen Sie sich im Vorhinein interessante Fragen:

- *Was wollen Sie von dem Text eigentlich erfahren?*
- *Was möchten Sie auf jeden Fall herausfinden?*
- *Was würde Sie noch interessieren?*
- *Warum will ich überhaupt gerade dieses Buch / diesen Text interviewen?*

Betrachten Sie das Lesen als Kommunikationsprozess: Bei einem Interview würden Sie sich wohl auch vorher ein wenig mit der Person auseinandersetzen; für einen Text können Sie die gleichen Überlegungen anstellen:

- *Welchen Hintergrund haben die AutorInnen?*
- *An welches Publikum ist der Text gerichtet?*
- *Aus welcher theoretischen Richtung kommt der Text oder die AutorInnen?*

Wie bei einem Interview ist es am besten, Sie notieren sich die Fragen vorher und notieren sich während Ihres „Gespräches mit dem Text" die Antworten dazu.

Eine gute Methode dazu ist ein Lesemindmap (Boeglin, 2007) oder Lese-Clustering (Wolfsberger, 2007). Mehr dazu im Abschnitt „Schreibprojekte und Präsentationen" ab Seite 182.

Wenn Sie an einem Thema arbeiten, können Sie mit Ihrem Fragen-Mindmap verschiedene Texte interviewen, um so nach und nach Antworten auf all Ihre Fragen zu bekommen.

Kennzeichnen Sie immer, wer was gesagt hat, damit Sie später noch die Herkunft der Aussagen nachvollziehen können.

Lesen von fremdsprachigen Texten

Viele technische und wissenschaftliche Texte sind in englischer Sprache verfasst. Auch im Internet hat sich das Englische durchgesetzt, und in den meisten Disziplinen kommen Sie nicht umhin, englische Texte zu lesen. Es kann sein, dass bestimmte Literatur nur in einer bestimmten Sprache verfügbar ist oder Sie aus anderen Gründen Texte lesen und lernen müssen, die nicht in Ihrer Muttersprache geschrieben sind.

Das ist eine Herausforderung, besonders wenn Sie im Lesen dieser Sprache noch nicht so geübt sind.

Keine Panik!

Insbesondere für das Lesen fremdsprachiger Texte gilt: Lassen Sie sich nicht in Ihrem Lesefluss stören, wenn Sie einzelne Vokabeln nicht wissen.

- *Überfliegen Sie zuerst den ganzen Text ohne Unterbrechung – oft erschließt sich die Bedeutung einzelner Termini aus dem Zusammenhang.*
- *Markieren Sie Wörter, die Sie nicht verstehen, aber unterbrechen Sie Ihren Lesefluss nicht.*
- *Wenn die Bedeutung einzelner Worte durch den Sinnzusammenhang nicht klar wurde, schlagen Sie sie nach dem Durchlesen alle im Wörterbuch nach und notieren Sie sie gleich im Text dazu.*
- *Wenn Sie schließlich wissen, was die einzelnen Begriffe bedeuten, lesen Sie sich den Text noch mal durch. Sie werden ihn jetzt sicher gut verstehen!*

Sehr zu empfehlen ist die Verwendung von frei verfügbaren Online-Wörterbüchern und Übersetzungs-Tools wie:

- *www.odge.de: Englisch, Deutsch.*
- *http://dict.tu-chemnitz.de: Englisch, Deutsch, Spanisch, Portugiesisch – auch zum Anhören.*
- *www.leo.org: Englisch, Deutsch, Französisch, Spanisch, Italienisch, Chinesisch – auch zum Anhören.*
- *http://iate.europa.eu: Fachbegriffe in allen Sprachen der Europäischen Union.*
- *hwww.logosdictionary.org: ein multilinguales interaktives Übersetzungswörterbuch, das jeder mitgestalten kann.*

SCHREIBEN

This is the practice school of writing.
Like running, the more you do it, the better you get at it.
Goldberg

Schreiben ist Übungssache, keine angeborene Gabe. Sie können Schreiben lernen und trainieren, und wie bei allen Tätigkeiten gilt: Je mehr Sie üben, desto besser werden Sie.

Um ins Schreiben hineinzukommen, empfiehlt Julia Cameroon (2000), am besten täglich privat zu schreiben: Mindestens 3 Seiten jeden Tag in der Früh, so genannte Morgenseiten. Zusätzlich zur Schreibübung gibt es noch einen weiteren Grund, warum Morgenseiten eine gute Vorbereitung sind: Sie leeren all die privaten Gedanken aufs Papier, die Sie sonst in Ihrer Konzentration stören würden, eine Art geistiges Zähneputzen. Danach können Sie sich mit erfrischtem Geist an Ihre Schreibarbeit machen und sind bereits warmgeschrieben.

Wenn Sie sich Schreiben und schreibend Denken zur Gewohnheit machen, steigert das Ihre Fähigkeit, sich mit Themen intensiv auseinanderzusetzen. Auch neue Einfälle entstehen so leichter und gehen nicht verloren.

Hören und Schreiben

Renate B., 37 Jahre, Absolventin des Diplom-Lehrgangs „Arbeitsrecht im Personalwesen“:
Aufgrund der komplexen Lehrinhalte habe ich – trotz meiner arbeitsbedingt begrenzten Zeit – beschlossen, die jeweiligen Inhalte kurz nach den Kurstagen zu wiederholen und schriftlich festzuhalten. Durch die bildliche Darstellung konnte ich vor der Abschlussprüfung viel Zeit sparen, da ich das Gehörte mit den Darstellungen gut in Zusammenhang bringen konnte.

Manche Lernende machen überhaupt keine Notizen, weil sie sich ganz aufs Zuhören konzentrieren. Andere schreiben Unmengen mit, um nichts Wesentliches zu verpassen. Der goldene Mittelweg lautet: Richtiges Notizenmachen bedeutet die relevanten Informationen herauszufiltern und durch Notieren festzuhalten. So werden die wesentlichen Elemente sowohl in den Unterlagen als auch in Ihrem Gedächtnis verankert.

Warum Notizen machen?

In Weiterbildungskursen sind sich viele nicht bewusst, dass von ihnen erwartet wird, dass sie sich wichtige Informationen notieren.

Notizen machen unterstützt Ihren Lernprozess in vielerlei Hinsicht:

- ***Notizen als Lernressource:*** *Ihre Notizen sind ein wichtiges Lernmaterial, auf das Sie später zurückgreifen können. Gute Notizen speichern nachhaltig die Essenz einer Lehrveranstaltung.*
- ***Notizen strukturieren:*** *Egal ob beim Lesen oder Zuhören, Notizen machen strukturiert Ihren Aufnahmeprozess, Sie unterteilen den Informationsfluss dadurch in kleine Einheiten, die Ihnen später beim Erinnern behilflich sind.*
- ***Notizen selektieren:*** *Um zu entscheiden, was Sie notieren, müssen Sie sich aktiv mit dem Gehörten, Betrachteten oder Gelesenen auseinandersetzen. Das steigert Ihren Lernerfolg und das Verständnis.*
- ***Notizen sind Output:*** *Sie haben mittels Ihrer Notizen wahrgenommenen Input bereits in Ihre eigenen Worte übersetzt. Zusätzlich aktivieren Sie Bewegungserinnerung, beides zusammen lässt Sie das Notierte später leichter abrufen.*

Facts: Erfolgreiche StudentInnen machen Notizen.
Einstein und seine KollegInnen (Einstein et al., 1985) zeigten 1985, dass Notizenmachen zu den Arbeitstechniken erfolgreicher Studierender gehört. Sie fanden heraus, dass durch Notizenmachen der Inhalt einer Lehrveranstaltung strukturierter abgespeichert wird.

Auch Stella Cottrell (2001) beschreibt, dass sich Studierende leichter an Inhalte erinnern, die sie notiert haben, insbesondere an handschriftlich notierte Inhalte. Voraussetzung dafür sei allerdings selektives Herausfiltern von wichtigen Inhalten.

Für gute Notizen ist es also relevant, was Sie notieren. Aber woher wissen Sie, welche Informationen Sie festhalten sollten und welche nicht?

Was notieren und was nicht?

Alles mitzuschreiben macht aus 2 Gründen keinen Sinn:

Erstens liegt Ihr Fokus dann zu sehr auf Vollständigkeit und nicht darauf, die wichtigen Inhalte zu erkennen und die aufgezeigten Zusammenhänge zu verstehen.

Zweitens produzieren Sie so oft sehr große Mengen an Notizen, die zu umfangreich sind, um sie zielführend als Lernmaterial oder als Basis für ein Schreibprojekt zu verwenden.

Beherzigen Sie den Spruch: „Make sense, not notes", und richten Sie Ihren Fokus auf das, was gesagt wird, und nicht darauf, alles zu notieren

Gute Notizen zu machen und die relevanten Dinge zum Niederschreiben herauszupicken ist Übungssache. Es gibt allerdings einige Hinweise, wie Sie im Kurs erkennen können, was wichtig ist und was nicht.

Auf verbale Hinweise achten

Achten Sie besonders während Vorlesungen bzw. Vorträgen auf verbale Hinweise, auf „Keywords" und wichtige Punkte. Folgende Formulierungen helfen Ihnen, Schlüsselthemen herauszufiltern:

„besonders wichtig ist ..."

„erstens, zweitens ..."

„einerseits, andererseits"

„daraus folgt ... „

„bedeutet ..."

„definiert: ..."

„zusammenfassend ..."

Vortragende haben noch weitere Möglichkeiten, bestimmte Informationen hervorzuheben:

- ***Intonation:*** *Sie nennen bestimmte Begriffe besonders laut und deutlich.*
- ***Wiederholung:*** *Informationen, die immer wieder erwähnt werden, sind meist besonders wichtig und prädestiniert für Prüfungsfragen.*
- ***Reihenfolge:*** *Vortragende kennen den Effekt, dass wir uns Elemente am Anfang und am Ende einer Kette besonders gut merken, und erwähnen darum wichtige Begriffe gerne an diesen Stellen.*
- ***Begleitende Unterlagen:*** *Auf Präsentationsfolien und im Skriptum sind oft bereits die wichtigsten Punkte in den Überschriften oder stichwortartig angeführt.*

Wie notieren Sie effizient?

Verwenden Sie Ihr Skriptum bzw. Ihre Kursunterlagen als Basisstruktur für Ihre Notizen.

Wenn Sie bereits mehr Routine im Notizenmachen haben, ist es besser, auf eigene, nicht vorstrukturierte Art zu notieren. Sie entdecken so leichter neue Aspekte und haben genug Raum, um auch Assoziationen und Gedanken zu vermerken. Entwickeln Sie dazu Ihre individuelle „Notizen-Methode". Hier ein paar Anregungen dazu:

Abkürzungen

Kürzen Sie lange Wörter ab, indem Sie

- *die Vokale streichen.*
- *nur die erste Silbe („Phil“ statt „Philosophie“) ausschreiben.*
- *Teile weglassen oder durch Apostroph oder Bindestrich ersetzen („P'dorf“ statt Perchtoldsdorf).*
- *in E-Mail, sms und Texten gebräuchliche Kürzel (wie „vlt“ statt „vielleicht“, „Bsp“ statt „Beispiel“) oder umgangssprachliche Kurzformen („vulgo“ statt „auch bezeichnet als“) verwenden.*

Reduzieren

Verzichten Sie auf Artikel, Verben und ausformulierte Sätze, reduzieren Sie Bindewörter, Ausschmückungen und Adjektive, außer sie sind von besonderer Bedeutung. Notizen sind keine Texte, sondern haben eher Telegrammstil.

Stenografische Symbole

Verwenden Sie Symbole, um sowohl Zusammenhänge als auch besondere Elemente zu kennzeichnen: neben mathematischen und physikalischen Symbolen (+, =) oder logischen Operatoren (∀ für „alle“, ∃) eignen sich griechische Buchstaben, Zeichen und Ideogramme (Ω,∉,↯,✞,†,♀) gut. Weitere praktische Symbole sind:

→ Für Zusammenhänge oder Beziehungen

// für Parallelen und Analogien

>< für Gegensätze oder Widersprüche

? Für offene Fragen oder Unklarheiten

! Um wichtige Punkte zu kennzeichnen

Farben

Versuchen Sie zusätzlich zu Ihrem Schreibstift noch 2 andere Farben parat zu haben: Verwenden Sie eine zum Kennzeichnen besonders wichtiger Inhalte, die andere, um unklare Stellen oder Fragen, die für Sie offen sind, zu markieren. Mit einer dritten Farbe könnten Sie eigene Ideen notieren oder Elemente, die Sie interessant finden, die aber nicht zum eigentlichen Thema gehören.

Bei all diesen Vereinfachungen achten Sie darauf, dass Sie später noch wissen, was mit welcher Kennzeichnung oder welchem Kürzel gemeint war. Dafür macht es Sinn, wenn Sie sich gewisse Kürzel angewöhnt und konsequent immer wieder die gleichen Symbole zum selben Zweck verwenden.

Notizen nachbearbeiten

Professionelle Techniken, um Notizen zu machen, beruhen immer darauf, die Notizen unmittelbar nach der Veranstaltung nachzubearbeiten – am besten noch am selben oder folgenden Tag, da später bereits die Hälfte des Gehörten verloren ist. Dabei ergänzt man fehlende Informationen, solange sie noch unmittelbar im Gedächtnis sind, und fügt detailliertere Kennzeichen hinzu. Um ausreichend Platz für die Nachbearbeitung zu haben, wird beispielsweise am linken Rand der Notizen eine Spalte freigelassen, um hier zu den Notizen passende Schlüsselwörter, Unterpunkte oder Verweise einzufügen. Diese strukturieren und erleichtern später das Lernen oder wissenschaftliche Arbeiten. Hefte oder Kollegeblöcke mit Korrekturrand eignen sich daher gut für Notizen.

Insbesondere für Vortragsnotizen empfiehlt es sich, wenn Sie versuchen, noch eine kurze Zusammenfassung von etwas 3 Sätzen in Ihren eigenen Worten zu notieren. Vermerken Sie Besonderheiten des Vortrages. So erinnern Sie sich viel später noch gut an den Vortrag und seine Inhalte.

Derartig aufbereitete Notizen sind eine ausgezeichnete Grundlage für späteres Wiederholen oder tieferes Verstehen. Auch für Schreibprojekte sind gute Notizen notwendig und liefern bereits Schlagwörter für einen zukünftigen Text.

Lesen und Schreiben

Schreibend lesen macht nach den Erkenntnissen der Leseforschung (Werder et al., 2001) ausgesprochen viel Sinn:

Der Prozess des Lesens ist am engsten mit dem Schreibprozess verwandt, beide durchlaufen dieselben Schritte, nur in umgekehrter Richtung.

LESEN ↓	↑
Wahrnehmen von Zeichen/Wörtern	Niederschreiben von Zeichen/Wörtern
Verknüpfen mit Wort-Bedeutungen	Anordnen der Bedeutungseinheiten
Zusammensetzen dieser Bedeutungen	Aufbrechen in Bedeutungseinheiten
Erkennen der einzelnen Mitteilungen	Formulieren einzelner Mitteilungen
Einzelne Mitteilungen miteinander verknüpfen	Aufteilen in einzelne Mitteilungen
Gesamtstruktur der Textaussage erkennen	Aussage strukturieren
Text verstehen, Aussage verstehen	Aussage eines Textes explizieren
SCHREIBEN	

Ein Unterschied zwischen Lesen und Schreiben ist für das Verstehen wichtig: Lesen ist Input, das heißt, Informationen, Ideen, Bilder kommen in Ihnen an. Um etwas wirklich verstanden zu haben, müssen Sie es aber auch erklären können, das Gelesene also in Form Ihrer eigenen Synthese wieder hinauslassen. Schreiben ist Output. Durch gleichzeitiges Lesen und Schreiben trainieren Sie genau diesen Übergang vom Input zum Output: vom oberflächlichen Lesen zum verstehenden Lesen und Wiedergeben.

Schreibend lesen

Schreibend lesen beginnt damit, dass Sie Texte, während Sie sie lesen, aktiv verändern. So machen Sie aus ihnen persönliche Dokumente, die für Ihre eigene Arbeit brauchbar sind.

Sorgen Sie dafür, dass Sie Bücher und Skripten nicht jedesmal neu lesen müssen. Indem Sie sie bearbeiten, können Sie später auf einen Blick erkennen, welche Punkte und Argumente für Sie wichtig waren.

Seiten markieren

Verwenden Sie kleine Haftzettel, um Seiten zu markieren. Gestalten Sie Bücher, zu denen Sie häufig greifen, so, dass Sie zielstrebig gesuchte Seiten aufschlagen können.

Unterstreichen

Sie unterstreichen, während Sie lesen, damit Sie beim Wiederholen oder Nachschlagen nicht den gesamten Text Wort für Wort neu lesen müssen. Unterstreichen Sie entsprechend wichtige Schlagworte und entscheidende Aussagen. Achten Sie darauf, dass Sie nicht zu viel hervorheben. Unterstreichen Sie nach Möglichkeit keine ganzen Sätze, sondern nur die entscheidenden Begriffe. Verwenden Sie verschiedene Farben, um die Übersichtlichkeit zu erhöhen. Entwickeln Sie einen persönlichen Farbcode und ordnen Sie den einzelnen Farben Bedeutung zu. So können Sie später gezielt nach Markierungen suchen.

Notieren

Lesen Sie niemals, ohne einen Stift bei der Hand zu haben! Markieren Sie wichtige Stellen mit Rufzeichen und kennzeichnen Sie Unklarheiten mit Fragezeichen. Verwenden Sie ähnliche Symbole wie in Ihren Mitschriften von Vorlesungen.

Verweise

Selten finden sich alle Informationen im selben Dokument. Wenn Sie beim Lesen eines Textes Zusammenhänge mit einem anderen Buch erkennen, notieren Sie Titel und Seitenzahl am Seitenrand. Auf derselben Seite können Sie Verweise mit Pfeilen verdeutlichen.

Eigene Gedanken

Wenn Ihnen während der Lektüre Ideen einfallen oder spontane Gedanken aufkommen, notieren Sie sie. Verwenden Sie dazu den Seitenrand oder einen eigenen Notizzettel.

Exzerpieren und Zusammenfassen

Was nicht auf einer einzigen Manuskriptseite zusammengefasst werden kann, ist weder durchdacht noch entscheidungsreif.
Dwight D. Eisenhower

In der Schule haben Sie möglicherweise viel gelernt, indem Sie Zusammenfassungen geschrieben haben. Für einen Test haben Sie den zu lernenden Stoff auf wenige A4-Seiten zusammengeschrieben und anschließend von den Zetteln gelernt. Viele SchülerInnen gehen so vor.

In der Erwachsenenbildung ist diese Methode häufig nicht mehr möglich: Stoffgebiete sind zu umfangreich und die Literaturberge zu hoch. Verwenden Sie darum die Methoden des aktiven Lesens, die Sie soeben kennengelernt haben.

Wenn Sie trotzdem einmal einen wichtigen Text zusammenfassen möchten, beachten Sie folgende Grundregel: exzerpieren Sie nur die wichtigsten Informationen. Zusammenfassen bedeutet nicht abschreiben, sondern beschränkt sich auf die wichtigsten Informationen.

Vom Plakat zum Schummelzettel
Üben Sie sich im Reduzieren. Verfassen Sie eine ausführliche Zusammenfassung dieses Kapitels. Achten Sie darauf, dass keine Informationen verlorengehen. Wie umfangreich ist Ihr Resultat?

Schreiben Sie nun eine Zusammenfassung der Zusammenfassung. Das Endergebnis soll auf die Hälfte der ursprünglichen Länge reduziert sein.

Wiederholen Sie diesen Schritt, bis Ihr Exzerpt auf eine Karteikarte passt.

Schreiben als kreativer Akt

Denken und sprachliches Formulieren ist primär keine analytische Tätigkeit, sondern ein schöpferischer Akt: Sie erschaffen Gedanken in Form von Sprache. Etwas neu zu erschaffen ist enorm anstrengend und braucht darum eine Menge Energie. Wichtige Denker und Schriftsteller wie Descartes widmeten daher einen großen Teil ihrer Zeit der Ruhe und

Entspannung, um fit zu sein für die wenigen Stunden, in denen sie sich dem Verstehen und Explizieren von Gedanken widmeten (Skinner, 1991). Schreiben Sie nur eine bestimmte Zeit pro Tag und nehmen Sie sich danach bewusst frei. Nutzen Sie die Produktivität der Freizeit.

Schreiben als Denkmethode

I never know what I think about something
until I read what I've written on it.
William Faulkner

Im alltäglichen Gebrauch wird menschliches Denken oft zu Unrecht mit sprachlichem Denken gleichgesetzt. Das betrifft insbesondere unser Schreibverhalten: Viele glauben, ein Gedanke muss im Geist bereits fertig ausformuliert sein, bevor er aufgeschrieben werden kann. Dabei ist Schreiben eine Methode, Gedanken und Ideen, die vielleicht noch gar nicht ausformuliert sind, erstmals in sprachliche Form zu bringen: sie zu explizieren.

Brainstorming

Von Brainstorming haben Sie sicher schon gehört oder es sogar angewendet. Man durchforstet sein Gehirn aktiv nach Ideen und Einfällen zu einem bestimmten Thema und hält sie schriftlich fest. Wichtig dabei ist, dass man die einzelnen Einfälle und Gedanken nicht sofort bewertet, zuordnet oder sortiert. Das heißt: Jeder Einfall wird notiert.

Obwohl das einfach klingt, werden Sie feststellen, wie schnell sich Ihre ordnende und gewichtende Instanz einschaltet und sofort ihren Senf dazugeben will: „Das ist aber eigentlich nicht so wichtig" oder „Das gehört ganz woanders hin" – so kommentiert Ihre innere Stimme und hält Sie so schnell davon ab, den errungenen Einfall auf dem Papier stehenzulassen. Notieren Sie dagegen sofort, durchkämmen Sie so Ihre Gehirnwindungen nach weiteren Einfällen, anstatt im Bewerten und Kategorisieren eines einzigen Einfalles hängenzubleiben.

Probieren Sie es am besten selber aus:

- *Nehmen Sie ein Blatt Papier und schreiben Sie als Titel ein Thema, zum Beispiel „schreiben".*
- *Nehmen Sie sich eventuell eine kurze Zeitspanne vor (15 Minuten), in der Sie sich dem Brainstorming widmen werden.*
- *Notieren Sie alle Begriffe, die Ihnen dazu einfallen, untereinander.*
- *Versuchen Sie gedanklich nicht bei einem Begriff zu verweilen.*
- *Ordnen Sie die Begriffe nicht, sondern schreiben Sie sie einfach untereinander.*
- *Schreiben Sie alles auf, was Ihnen zum Thema einfällt, und versuchen Sie Ihre Gedanken nicht abschweifen zu lassen. Konzentrieren Sie sich und versenken sich in Ihr Thema.*
- *Unterbrechen Sie das Brainstorming nicht, um etwas anderes zu tun oder nachzuschlagen.*
- *Um sich auf den Kernbegriff zu fokussieren, ist es oft nützlich, wenn Sie den Begriff laut vor sich hinsagen.*
- *Wenn Sie das Gefühl haben, Ihre Gedanken kommen ins Stocken, gehen Sie auf und ab und bewegen sich: Körperliche Bewegung versetzt Ihren Geist in Schwung.*
- *Hören Sie nicht auf, wenn Sie das Gefühl haben, Ihnen fällt nichts mehr ein, sondern machen Sie weiter, bis das Blatt voll oder die Zeit um ist.*

Brainstorming in der Gruppe

In der Gruppe ist Brainstorming noch effizienter. Die Einfälle der anderen sind Anstoß für Ihre eigenen Gedanken und umgekehrt.

Bei Brainstorming in der Gruppe ist es am besten, wenn eine Person die Rolle des Festhaltens übernimmt: Festhalten am Thema sowie Festhalten aller Einfälle. Diese Person notiert einerseits alle Ideen, ohne sie zu gewichten oder zu sortieren. Andererseits lenkt sie die Gruppe immer wieder zurück zum eigentlichen Thema des Brainstormings, wenn alle bei einem Gedanken hängenbleiben. Bedeutsam beim Gruppen-Brainstorming ist insbesondere, dass alle zu Wort kommen und dass jeder Beitrag einfach notiert und nicht wertend kommentiert wird.

Ob allein oder in der Gruppe, Brainstorming ist eine gute Methode, möglichst viel Vorwissen und Einfälle zu einem Thema zu sammeln. Mit diesen umfangreichen Brainstorming-Resultaten können Sie sehr gut weiterarbeiten, oft bildet sich daraus bereits ein tragfester Grundstock für Ihre weitere Arbeit mit dem Thema.

Freewriting

Wir sind so ungeübte Schreiber, weil wir so viel Zeit damit verschwenden, mitten im Satz anzuhalten und uns über das Geschriebene Gedanken zu machen.
Peter Elbow

Diese Art zu schreiben eignet sich für den Einstieg ins Schreiben, für Denken am Papier und als Methode, um Rohtexte aufs Papier zu bekommen.

Probieren Sie Freewriting (Ellbow, 1998) am besten gleich selbst aus: Nehmen Sie ein Blatt Papier und schreiben Sie (beispielsweise) zum Thema „Handwerkszeug für meine Weiterbildung“ nach folgenden Regeln:

Die Freewriting-Grundregeln

- *Stellen Sie einen Timer auf 10, 15 oder maximal 20 Minuten.*
- *Beginnen Sie einfach zu schreiben, was Ihnen gerade durch den Kopf geht, oder nehmen Sie sich ein Thema als Ausgangspunkt.*
- *Halten Sie die schreibende Hand immer in Bewegung, und schreiben oder tippen Sie, so schnell Sie können.*
- *Unterbrechen Sie nicht, um zu lesen, was Sie geschrieben haben – hören Sie nicht auf zu schreiben, bis die Zeit um ist.*
- *Löschen und korrigieren Sie nichts: Rechtschreib- oder Tippfehler, Satzzeichen und Grammatik sind hier nebensächlich. Halbe Sätze und Gedankenfragmente sind erlaubt.*
- *Folgen Sie Ihren Gedanken und kontrollieren Sie sie nicht – Sie dürfen alles schreiben.*
- *Wenn Ihr Kopf völlig leer ist, schreiben Sie: „Mein Kopf ist leer“, bis ein neuer Gedanke kommt.*
- *Wenn die Zeit vorbei ist, beenden Sie den angefangenen Gedanken und machen Sie eine Pause.*

Wie ist es Ihnen mit Ihrem ersten Freewriting gegangen? Vielleicht waren Sie erstaunt, wie viel Ihnen zu dem Thema schon eingefallen ist. Auf jeden

Fall haben Sie in nur 10 Minuten sicher mindestens eine Seite aufs Papier gebracht.

Freewriting ist Schreiben in Ihrer persönlichen Sprache, so schnell es geht und ohne Kontrolle. Damit Ihre Gedanken möglichst direkt aufs Papier fließen können, versuchen Sie Ihre Schreibgeschwindigkeit zu erhöhen. So hat Ihre kritische innere Instanz, die immer alles sofort korrigieren will, keine Gelegenheit, Ihren Gedankenfluss zu unterbrechen.

Versetzen Sie Ihre Gedanken in Bewegung

Freies Schreiben, aber auch Brainstorming soll Ihre Gedanken aus Ihnen herauslocken. Dazu müssen diese sich einerseits sicher fühlen und andererseits in Bewegung kommen. Dadurch, dass Sie alle Gedanken unbewertet gelten lassen, trauen sie sich überhaupt erst heraus. Endlich hat jeder Gedanke einen Platz auf dem Papier, egal ob er sich später als genial oder unwichtig herausstellt.

Um Ihre Gedanken in Bewegung zu versetzen, ist körperliche Bewegung gut: auf und ab gehen, aber auch laufen oder Rad fahren.

Brainstorming funktioniert auch mündlich, indem Sie Ihre Gedanken auf ein Aufnahmegerät sprechen (in vielen Handys ist ein Mikrophon integriert).

Der Blick auf etwas Bewegtes, einen Fluss oder Wasserfall oder im Wind rauschende Blätter, versetzt unseren Geist in Bewegung. Genauso anregend wirkt beschwingte Musik, einer Melodie zu lauschen oder seinem eigenen Redefluss, der um das Kernthema kreist: „Also, was fällt mir zu Überblicken ein, was könnte noch damit zu tun haben ... Überblicken, da steckt ÜBER drinnen, also von oben auf etwas schauen ..."

Immer wenn ein Gedanke auftaucht, wird er notiert, und Sie kehren zurück zum Thema.

Mindmapping

Mindmapping (entwickelt von Tony Buzan, vgl. North & Buzan, 2001) ist eine Visualisierungsmethode, die Grafik und Text auf kreative und zugleich übersichtliche Art und Weise miteinander verknüpft.

Während Sie beim Brainstorming Ihre Gedanken wahllos auf das Papier schreiben, gehen Sie beim Mindmappen etwas strukturierter vor: Ausgehend von einem zentralen Symbol bzw. Titel werden Äste für die Hauptthemen gezeichnet. An diese werden die dazupassenden Gedanken und Themen angehängt. Mithilfe von Farben, Symbolen und Pfeilen können Sie Ihre Mindmap noch übersichtlicher gestalten.

Als Beispiel hier eine Mindmap, die zusammenfasst, wie Sie die „Landkarte Ihrer Gedanken" optimal gestalten:

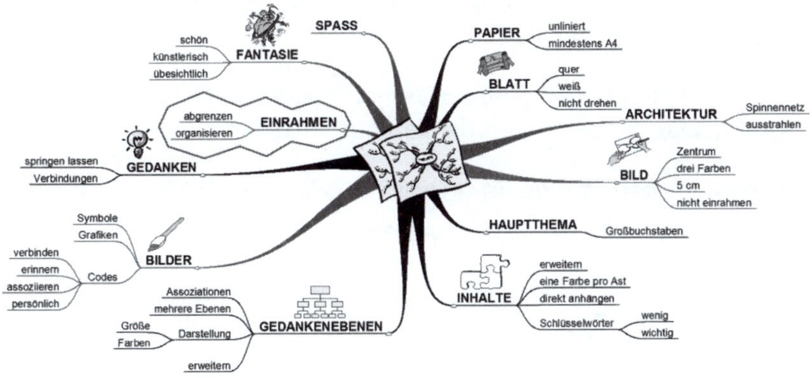

Probieren Sie Mindmappen unbedingt aus. Wenn Ihnen die Arbeit damit Spaß macht, können Sie diese Methoden in vielen Bereichen anwenden. Nützen Sie Mindmapping für die Vorbereitung von Projektarbeiten und Präsentationen. Auch für „To do"-Listen, Einkaufslisten, Lern-Übersichten und Notizen eignen sie sich hervorragend.

Tipp:
Es gibt einige Computerprogramme, die die Erstellung von Mindmaps ermöglichen. Kostenlose Varianten wie „Freemind" und „Personal brain" stehen auf http://freemind.softonic.de/ sowie http://personalbrain.softonic.de/ zum Download bereit.

Clustering

Clustering ist eine Möglichkeit, Assoziationsnetze abzubilden. Im Gegensatz zu Mindmapping ist Clustering nicht dafür gedacht, Gedanken in eine hierarchische Ordnung zu bringen. Im Gegenteil: Mittels Clustering können Sie Dinge in einen Zusammenhang bringen, die bisher noch nicht explizit zusammengehört haben.

Die Methode des Clusterings nach Rico ist vielseitig einsetzbar – probieren Sie sie am besten einfach aus:

- *Schreiben Sie einen Kernbegriff in die Mitte eines leeren Blattes und ziehen Sie einen Kreis darum.*
- *Konzentrieren Sie sich nicht, sondern lassen Sie Ihre Gedanken in einer meditativen Gelassenheit schweifen.*
- *Wenn Sie eine Assoziation haben, lassen Sie sie vom Mittelpunkt ausstrahlen, bis die Assoziationskette sich erschöpft.*
- *Kehren Sie wieder zum Kernbegriff zurück und beginnen Sie dort mit der nächsten Assoziationskette.*
- *Verbinden Sie spontan Begriffe, die zusammengehören, ohne darüber nachzudenken.*

Betrachten Sie Ihr Clustering und bauen Sie es weiter aus.

Gabriele Rico (1984) hat Clustering ursprünglich als Kreativitätstechnik erfunden, um unser bildhaftes Denken mit dem sprachlichen Denken zu verknüpfen. Ziel dabei ist, intuitive Ideenketten zu bilden, ohne das Muster zu kontrollieren, das sich dabei bildet. Betrachtet man das so entstandene Assoziationsbild, wird offenbar, wo der Schwerpunkt im Thema liegt, an welcher Stelle Sie gut in das Thema einsteigen können. Sie erkennen anhand des fixierten Musters interessante Zusammenhänge, Lücken oder Ansatzpunkte.

Kategorisieren

Mindmappen ist nicht jedermanns Sache. Wenn Ihnen diese Methode nicht liegt, können Sie linear vorgehen: Fassen Sie Inhalte in Listen zusammen. Informationen dazu finden Sie im Kapitel „Merken" (ab Seite 131).

Unendliche Auflistungen sind schwer zu überblicken. Darum ist es wichtig, zu strukturieren und zusammengehörende Punkte zu sammeln.

Finden Sie geeignete Kategorien, die Ihnen helfen, die Inhalte sinnvoll zu unterteilen.

Optimal sind etwa 5 bis maximal 7 Elemente pro Gruppe bzw. Kapitel. Wählen Sie Unterscheidungsmerkmale, nach denen Sie die Unterpunkte kategorisieren.

Verwenden Sie Kategorisierungen auch dazu, um Ordnung in die Dateien auf Ihrem Computer zu bringen. Wählen Sie Ordner-Namen, die die Gruppen möglichst genau unterscheiden. Sollten trotzdem Überlappungen vorkommen, können Sie überlegen, mit Verknüpfungen zu arbeiten.

Claudius E., 30 Jahre, Teilnehmer am Unternehmer-Training:
In meinem Computer herrschte bis vor kurzem das Chaos. Jetzt habe ich mich durchgerungen und in einer Wochenend-Aktion sämtliche Dateien sortiert und in passende Ordner kopiert. Damit ich auf einen Blick sehe, welche Übungen ich für meinen WIFI-Kurs bearbeitet habe, habe ich ei-

nen eigenen Ordner für aktuelle Übungen erstellt. Die eigentlichen Fallbeispiele und Aufgaben speichere ich in den Ordnern der jeweiligen Fächer ab, in den neuen Übersichtsordner kommen, dann Verknüpfungen. So speichere ich Dateien nicht doppelt ab und finde schnell, woran ich aktuell arbeite.

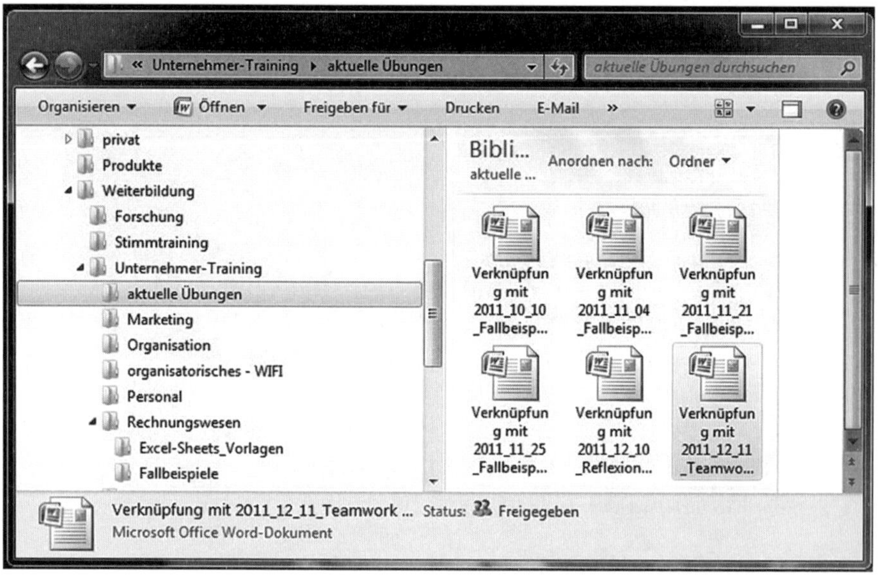

Tipp:

Für die übersichtliche Gestaltung von Gruppierungen gibt es praktische Tools in Programmen wie Word oder Powerpoint. So können Sie zum Beispiel Grafiken gestalten, die Ihre Kategorien visuell darstellen.

ERLERNEN SIE BASISMETHODEN FÜR IHRE WEITERBILDUNG!

Nützen Sie all Ihre Sinne für Ihre Weiterbildung!

Denken Sie in Bildern!

Hören Sie aktiv zu!

- *Bereiten Sie sich vor*
- *Achten Sie auf non-verbale Signale*
- *Denken Sie über Gehörtes nach*

Lernen Sie wissenschaftliches Lesen!

- *Üben Sie Querlesetechniken*
- *Erhöhen Sie Ihre Lesegeschwindigkeit*
- *Stellen Sie Fragen an Ihren Text*
- *Wagen Sie sich an fremdsprachige Texte heran*

Lernen Sie professionelles Schreiben!

- *Machen Sie effiziente Notizen*
- *Sammeln Sie Ideen mit einem Brainstorming*
- *Schreiben Sie sich frei*
- *Setzen Sie Ihre Gedanken in Bewegung*

Nützen Sie Visualisierungstechniken!

- *Stellen Sie Zusammenhänge in einer Mindmap dar*
- *Bilden Sie Assoziationen in einem Clustering ab*
- *Gewinnen Sie einen Überblick dank Kategorien*

LERNPROZESS

LERNPROZESS

Lernen ist ein Kreislauf, der sich wie eine Spirale fortsetzt. Lernen hat viele verschiedene Facetten: begreifen, einprägen, umsetzen … alle sind Teil Ihrer Weiterbildung.

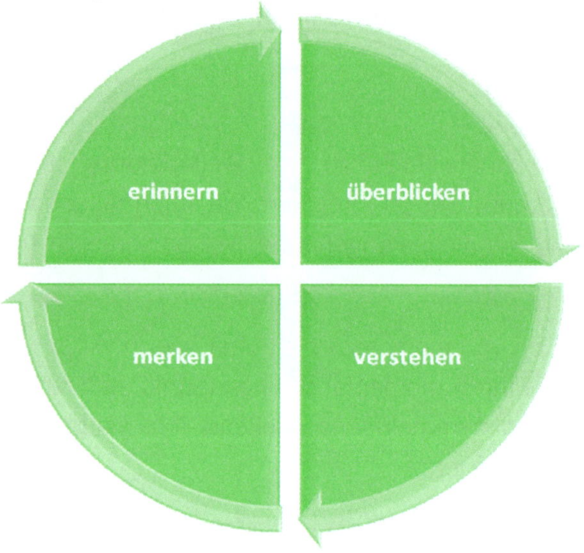

Wir haben den Lernprozess in folgende Teilschritte gegliedert:

- ***überblicken:*** *Anfangs gilt es, grundlegende Fragen zu klären: Was weiß ich schon? Was möchte ich lernen? Welche Ressourcen gibt es? Welche Quellen nütze ich? Wie schaut mein Lernziel aus? Mit welchen Schritten will ich es erreichen? Finden Sie heraus, welche Wissensinhalte Sie sich einprägen möchten, und grenzen Sie das Stoffgebiet ein, indem Sie es gedanklich zusammenfassen.*
- ***verstehen:*** *Dann beginnt das Erarbeiten des Stoffgebiets: Fragen werden gestellt und beantwortet. Erfassen Sie Zusammenhänge und Bedeutungen. Betrachten Sie Ihr Thema in unterschiedlichem Kontext. Verknüpfen Sie das Wissen mit bekannten Informationen und schaffen neue Verbindungen, um es in Ihrem Gedächtnis zu verankern.*
- ***merken:*** *Schließlich geht es darum, sich wichtige Details und exakte Informationen auch tatsächlich einzuprägen. Wie machen Sie sich Ihr Wissen dauerhaft verfügbar und abrufbar?*
- ***erinnern:*** *Wie bringen Sie Ihr gelerntes Wissen wieder an den Mann oder die Frau? Das letzte Kapitel ist der Prüfungsvorbereitung und dem Prozess des Erinnerns gewidmet.*

Optimieren Sie die einzelnen Stufen Ihres Lernprozesses. So erwerben Sie Expertise in Ihrem Fachgebiet.

ÜBERBLICKEN

„Würdest du mir bitte sagen, wie ich von hier aus weitergehen soll?"
„Das hängt zum größten Teil davon ab, wohin du möchtest", sagte die Katze
„Ach, wohin ist mir eigentlich gleich ...", sagte Alice.
„Dann ist es auch egal, wie du weitergehst", sagte die Katze.
Lewis Carroll: „Alice im Wunderland"

Dieses Kapitel soll Ihnen helfen, in Ihrer Weiterbildung strukturiert und zielstrebig vorzugehen. Sie erfahren, wo Sie Informationen finden und sammeln und wie Sie dieses angehäufte Wissen sortieren und einteilen können.

Orientieren Sie sich in einem neuen Thema wie in einer unbekannten Stadt: Ermitteln Sie Ihren momentanen Standpunkt als Startpunkt für die Erkundungstour und sammeln anschließend Informationen, um einen Überblicksplan zu erstellen.

Wenn Sie wissen, wie Ihr Lern-Thema ungefähr beschaffen ist, können Sie sich sicher darin bewegen und zielstrebig beginnen, sich Einzelheiten zu merken und Inhalte und Zusammenhänge in der Tiefe zu verstehen. Ziel des Schrittes „Überblicken" ist, sich in Ihrem Thema oder Lerngebiet zu orientieren und einen Arbeitsplan aufzustellen, der Sie durch den weiteren Lernprozess führt.

Von grundsätzlicher Bedeutung für die Phase des Überblickens ist, dass nur in die Breite und nicht in die Tiefe gearbeitet wird. Wenn Sie beginnen, neues Wissen zu sammeln, starten Sie die „Recherche-Spirale" (Boeglin, 2007):

- *Phase 1: Zuerst finden Sie alles über die Ressourcen zu Ihrem Thema heraus: Wo Sie überall etwas darüber erfahren könnten.*
- *In einer 2. Phase durchsuchen Sie diese Ressourcen, indem Sie alles sichten, dokumentieren und sortieren, um ein Überblickswissen zu bekommen, was dieses Thema alles beinhalten könnte.*
- *Dann kommt die 3. Phase der Recherchearbeit: Hier bewerten Sie und dimensionieren die einzelnen Stücke Ihrer Sammlung.*
- *Am Ende der Recherche ist eine Entscheidung nötig: Auf welche der recherchierten Bereiche wollen Sie fokussieren?*

Diese Entscheidung müssen Sie getroffen haben, bevor Sie in die nächste Runde gehen: Sie fokussieren Ihren Rechercheblick jetzt auf der Ebene des ausgesuchten Detailbereichs und arbeiten hier in die Tiefe weiter.

Wenn Sie genug Material und Ressourcen zusammengetragen haben für alles, was Sie bearbeiten wollen, sind Sie fast am Ziel: Nun erstellen Sie sich einen detaillierten Plan, wie Sie sich die so erfassten Bereiche Ihres Themas erarbeiten wollen.

Vorwissen aktivieren

I have found that the greatest help in meeting any problem is to know where you yourself stand. That is, to have in words what you believe and are acting from.
William Faulkner

Was passiert, wenn Sie etwas Neues lernen? Wie neu ist neues Wissen tatsächlich? Sie gehen auf neue Informationen mit einem ganzen Rucksack an Erwartungen und Vorwissen zu. Lernen baut immer auf altem Wissen auf. Wie Sie sehen, beginnt die Lernspirale mit vorherigen Lernerfahrungen. Großen Wissensthemen nähern Sie sich am besten, indem Sie sich bewusst machen, was Sie bereits wissen. Eine besondere Situation entsteht, wenn Ihr Vorwissen nicht mit der neuen Information übereinstimmt. Systematische Vorwissensaktivierung hilft Ihnen, derartige Widersprüche zu erkennen und zu überdenken und sie sogar als Ansatz zu neuen Forschungsideen zu nützen.

Das Beginnen ist oft der schwierigste Schritt. Die nachfolgenden Techniken eignen sich gut für das Stadium des Überblickens und sind darüber hinaus besonders geeignet, die Einstiegshürde in ein Thema zu überwinden.

Kreative Schreibtechniken

Brainstorming und Freewriting sind gute Methoden, um den Startschuss für ein neues Projekt zu setzen. Lassen Sie Ihre besten Gedanken einfach aufs Papier fließen. Wie funktioniert das?

Beide Methoden finden Sie im Kapitel „Handwerkszeug" (ab Seite 58) bereits detailliert beschrieben. Beginnen Sie Ihr Brainstorming oder Freewriting mit einem der folgenden Sätze:

„Zum Thema X fällt mir ein ..."

„An dem Thema X finde ich besonders interessant ..."

„Ich weiß schon über X, dass ..."

Sie werden überrascht sein, wie viel Sie bereits über das Thema X wissen. Wichtig beim freien Schreiben ist, dass Sie sich nicht zu weit von Ihrem Thema entfernen. Auch beim Brainstorming sollten Sie bewusst versuchen, immer zum Ausgangspunkt zurückzukehren – so wie bei einer Meditationsübung, wo Sie zwar nichts aktiv steuern, aber doch einen Punkt mit den Augen fixiert halten.

Perspektivendiagramm

Wenn Sie sich einem Thema annähern wollen, müssen Sie zuallererst feststellen, von wo Sie starten: Sie aktivieren Ihr Vorwissen und finden heraus, was Sie schon wissen und was Sie noch wissen wollen. Erkunden Sie mithilfe eines Perspektivendiagramms (Reinmann & Eppler, 2008) systematisch, wo Sie stehen und wo Sie hinmöchten. In dem Diagramm berücksichtigen Sie Ihre Emotionen und Gefühle, die Sie gegenüber dem Stoff haben: welche positiven und negativen Erwartungen beeinflussen Sie?

Das Perspektivendiagramm besteht aus folgenden 4 Teilen:

- *oben: Ziel*
- *unten: Vorwissen*
- *links: negative Erwartungen*
- *rechts: positive Erwartungen*

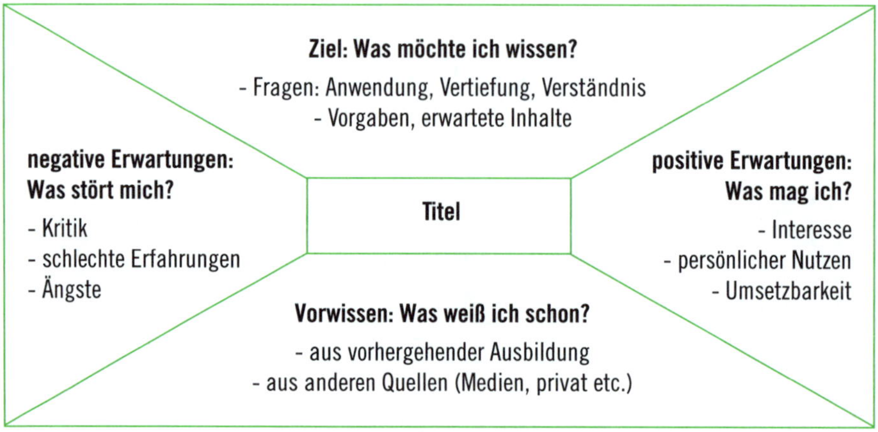

So gehen Sie mit den einzelnen Feldern um:

Vorwissen

Hier notieren Sie alles, was Sie zu dem Thema bereits wissen. Wo wird auf früheren Unterricht, vielleicht noch auf die Schulzeit, aufgebaut? Berücksichtigen Sie bei Ihren Überlegungen, wo Ihnen das Thema im Alltag begegnet: Informationen aus Zeitung, Radio oder Fernsehen gehören da ebenso dazu wie Gespräche mit FreundInnen, Bekannten und Fachleuten.

Welche Elemente sind Ihre Stärken? Wo kennen Sie sich bereits sehr gut aus? Was haben Sie anderen KursteilnehmerInnen auf dem Gebiet möglicherweise voraus?

Betrachten Sie, was Sie bereits wissen, kritisch. Wie verlässlich sind Ihre Quellen?

Ziel

Wo möchten Sie eigentlich hin? Gerade die Vorbereitung von Präsentationen und schriftlichen Arbeiten artet oft aus. Welche Fragen interessieren Sie? Welche Fragen sollten Sie beantworten, um ein vorgegebenes Lernziel zu erreichen? Überlegen Sie sich, welche Antworten Sie eigentlich erwarten, und auch, welche Subthemen für Ihre persönliche Zielsetzung nicht relevant sind.

Negative Erwartungen

Entlarven Sie negative Gefühle gegenüber dem Lernstoff. Ist es Ihnen schon einmal passiert, dass Sie bei der Vorbereitung zu einer Prüfung einfach nicht weiterkommen? Dem liegen oft emotionale Hemmungen zugrunde: keine Lust, kritische Zweifel oder Ängste können etwa den Lernprozess blockieren. Indem Sie Ihre negativen Erwartungen aufschreiben, nennen Sie sie beim Namen und ermöglichen sich, ehrlich darüber nachzudenken. Welche negativen Gefühle sind begründet, und lassen sie sich eventuell beseitigen?

Maria H., 49 Jahre, Teilnehmerin am Lehrgang „PCU (PC-User) / ECDL":
Mir wurde ein EDV-Kurs empfohlen, mit dessen Titel ich wenig anfangen konnte. Dementsprechend war ich vor Kursstart sehr ängstlich, das auch wirklich alles umsetzen, und danach auch die Erwartungen meiner Chefin erfüllen zu können.

Positive Erwartungen

Diesem Bereich kommt besondere Bedeutung zu, geht es hierbei doch um Ihre Motivation. Warum befassen Sie sich überhaupt mit dem Thema? Lehnen Sie sich entspannt zurück und lassen Sie positive Erwartungen zu: Welche Fragen machen Ihnen Spaß? Welche Vorteile haben Sie von dem zukünftigen Wissen? Werfen Sie einen erneuten Blick auf diese Spalte, falls Sie im späteren Arbeitsprozess einen Tiefpunkt erleben sollten.

Ihr fertiges Perspektivendiagramm ist Ihr Ausblick, Ihre Perspektive auf das spezielle Thema. So wird sichtbar, worauf Sie aufbauen können und wohin Sie möchten.

Einen Lernplan erstellen

What may be done at any time will be done at no time.
Schottisches Sprichwort

In der Schule funktioniert es oft, am Abend vor der Prüfung noch schnell die wichtigsten Informationen auswendig zu lernen und zumeist gar nicht so schlecht abzuschneiden. Darum entwickeln viele Menschen während der Schulzeit noch keine optimale Strategie, um ihr Lernverhalten zu organisieren. Bei größeren Prüfungen kommen sie dann ins Schwitzen. In diesem Abschnitt wird ein Weg vorgestellt, wie Sie ein umfangreiches Lernprojekt gezielt angehen können.

Dr. Theodor M., 44 Jahre, Absolvent des Diplom-Lehrgangs zum International Financial Reporting Specialist:
Schon während der Ausbildung habe ich die verschiedenen Themenbereiche kategorisiert und konnte so einen guten Überblick über die Seminarinhalte gewinnen. Hinsichtlich der Prüfungsvorbereitung fiel es mir letztlich leicht, mich an die präsentierten Inhalte zu erinnern und konnte somit mit einem guten Gefühl zur Prüfung antreten.

Zücken Sie Ihren Kalender

Bis wann wollen Sie fertig sein? Wählen Sie ein fixes Datum. Das Ziel „ungefähr in 5 Monaten" ist nicht konkret genug. Die Versuchung ist zu groß, das Datum zu verschieben. Jetzt wissen Sie genau, wie viele Tage Sie Zeit haben.

Gestalten Sie dazu eine einfache Tabelle. Notieren Sie in den Zeilen alle Tage bis zur Prüfung und in den Spalten die Zeiträume, die Sie zum Lernen zur Verfügung haben. Nehmen Sie nun Ihren Terminkalender zur Hand und tragen Sie die Termine ein, die in dieser Zeit anstehen. Dazu gehören natürlich auch berufliche Termine. Heben Sie alle Freizeitaktivitäten und Erholungstage hervor.

Verteilen Sie in 3 Teilschritten Ihre Arbeitszeiten über die verfügbare Zeit:

1. überblicken, planen

Dieser Punkt kostet nicht viel Zeit, bringt aber sehr viel. Wahrscheinlich sind Sie in wenigen Stunden damit fertig.

2. verstehen und vernetzen

Halbieren Sie die Anzahl der restlichen Tage. Nützen Sie die erste Hälfte für Stufe (2), die zweite Hälfte für Stufe (3). Dazwischen können Sie sich gut eine Auszeit oder längere Pause gönnen.

In späteren Kapiteln lernen Sie Methoden, die Ihnen helfen, zu verstehen und Inhalte miteinander in Verbindung zu bringen. In dieser Phase sind Sie dabei, sich Ihr Wissen zu erarbeiten. Dafür benötigen Sie längere Lernphasen. So haben Sie Zeit, sich mit komplizierteren Fragen in Ruhe auseinanderzusetzen. Planen Sie also für die Phase 2 längere Zeiten ein.

3. merken und wiederholen

Nun geht es darum, das alles sicher in Ihrem Gedächtnis zu verankern oder tatsächlich umzusetzen. Für den Lernerfolg ist es günstig, wenn Sie regelmäßig wiederholen können und sich schwierige Begriffe oft in Erinnerung rufen. Auch für das Durchführen ist Regelmäßigkeit sinnvoll. Darum werden jetzt kürzere, dafür tägliche Arbeitszeiten geplant.

Tipp: Nützen Sie Leerzeiten zwischendurch.
Gewöhnen Sie sich an regelmäßige Lernzeiten. Wenn es Ihnen schwerfällt, in Ihrem dichten Terminnetzwerk Lernzeiten freizuhalten, suchen Sie fixe Zeitpunkte in der Woche, an denen Sie für Ihren WIFI-Kurs arbeiten.

Tamara S., 28 Jahre, Vorbereitung auf die Berufsreifeprüfung:
Tamara S. wird am 20. Juni die Berufsreifeprüfung Englisch ablegen, sie besucht dieses Semester den Vorbereitungskurs am WIFI. Sie hat vor, sich ein Monat vor der Prüfung intensiv vorzubereiten. Neben dem WIFI-Kurs arbeitet sie 40 Stunden pro Woche in einem Büro, und auch andere Termine hat sie in ihren Lernplan eingetragen.

Zunächst plant Tamara S. am Sonntagvormittag 3 Stunden dafür ein, den Lernplan zu vervollständigen und einen Überblick über die Lernziele zu erhalten.

Die restlichen Lerntage halbiert sie und nimmt sich vor, in den ersten zwei Wochen den Lernstoff in Ruhe zu erarbeiten. In der Zeit möchte sie Texte lesen und bearbeiten und sich Grammatikregeln widmen.

Die zweite Lernhälfte nützt sie, um sich wichtige Inhalte einzuprägen. Sie nimmt sich vor, in regelmäßigen Abständen Vokabeln und Grammatikregeln zu wiederholen. Dafür plant sie häufige, dafür kürzere Lernzeiten ein.

Siehe Grafik auf der nächsten Seite: Die grünen Zeiten sind Lernzeiten.

1= Lernschritt überblicken

2 = Lernschritt erarbeiten

3 = Lernschritt einprägen

	8	9	10	11	12	13	14	15	16	17	18	19	20	21	22	23
So 20. Mai			1				Schwimmen									
Mo 21. Mai		Büro										Sport				
Di 22. Mai		Büro									2					
Mi 23. Mai		Büro									2					
Do 24. Mai		Büro									WIFI					
Fr 25. Mai		Büro											Stefan			
Sa 26. Mai			2					Einkaufen				2				
So 27. Mai			2						2							
Mo 28. Mai		Büro										Sport				
Di 29. Mai		Büro									2					
Mi 30. Mai		Büro									2					
Do 31. Mai		Büro									WIFI					
Fr 01. Juni		Büro									WIFI					
Sa 02. Juni		Naschmarkt						2					Englischer Film			
So 03. Juni			2					Rad			2					
Mo 04. Juni		Büro										Sport				
Di 05. Juni	3	Büro									3				3	
Mi 06. Juni		Büro									3				3	
Do 07. Juni	3	Büro									WIFI					
Fr 08. Juni		Büro									3				3	
Sa 09. Juni		3					3						Billard			
So 10. Juni		3					3	Geburtstagsfeier					3			
Mo 11. Juni	3	Büro									3	Sport				
Di 12. Juni		Büro									3				3	
Mi 13. Juni	3	Büro									3				3	
Do 14. Juni		Büro									WIFI					
Fr 15. Juni	3	Büro									3					
Sa 16. Juni		3					3				3					
So 17. Juni		3					3				3					
Mo 18. Juni	3	Büro									3	Sport				
Di 19. Juni		Büro														
Mi 20. Juni	BRP Englisch															

Begrenzen Sie Ihren Lernstoff

Beurteilen Sie die Ihnen zur Verfügung stehenden Materialien kritisch. Welche benötigen Sie für die Erreichung Ihrer Weiterbildung wirklich?

Wenn Sie das Gefühl haben, in der Informationsflut zu ertrinken, reduzieren Sie Ihre Quellen.

Was gehört dazu?

Wenn Sie viel und gut recherchiert haben und sich für ein Thema interessieren, haben Sie oft sehr viele Details gesammelt. Versuchen Sie nun zu entscheiden, was zu Ihrem Lernthema gehört. Wahrscheinlich gibt es ein vorgegebenes Prüfungsfeld, mit definierten Lernthemen. Organisieren Sie sich einen Fragenkatalog und erkundigen sich genau über eventuelle vorgegebene Lernziele.

Was gehört nicht dazu?

Versuchen Sie das Lernthema nicht zu umfangreich werden zu lassen, sondern beschränken sich auf eines, das möglichst präzise benennbar ist. Sie müssen nicht alle Facetten eines Themas auf einmal erkennen: Legen Sie im Vorhinein fest, wie sehr Sie in die Tiefe und in die Breite lernen wollen.

Ordnen Sie den Lernzeiten Lerninhalte zu

Je konkreter Sie wissen, was Sie in jeder Lernphase machen wollen, desto effizienter können Sie die Zeit nutzen. Verschaffen Sie sich gleich in der Planungsphase Ihres Lernprozesses einen Überblick, welche Inhalte Sie lernen wollen.

Sylvana K., 34 Jahre, Teilnehmerin „Corporate Eventmarketing in der Praxis“: Nach einem langen Arbeitstag war es nicht immer leicht den Inhalten im Kurs zu folgen, was eine intensive Beschäftigung mit der Thematik am Wochenende zur Folge hatte.

Beurteilen Sie die einzelnen Bereiche nach 2 Kriterien:

Arbeitsaufwand: Umfang und Schwierigkeitsgrad
Nachdem Sie die Themen sortiert haben, machen Sie sich daran, abzuschätzen, wie viel Zeit und Energie Sie für die einzelnen Punkte benötigen.

Teilen Sie ein, wann Sie welche Kapitel erledigen werden. Für umfangreiche Kapitel nehmen Sie sich entsprechend mehr Zeit.

Die Komplexität eines Themas spielt eine Rolle für die Planung des notwendigen Zeitaufwandes: Bei schwierigen Themen brauchen Sie mehr Lernzeit für die Phase des Verstehens.

Andere Inhalte sind vielleicht umfangreicher, aber leicht zu erfassen. Dafür sollten Sie mehr Zeit zum Merken veranschlagen.

Berücksichtigen Sie Ihre Energiereserven: Nach einem anstrengenden Arbeitstag mit ausgebrannten Batterien noch ein schwieriges Thema in Angriff zu nehmen, ist nicht sehr Erfolg versprechend. Heben Sie sich solche Herausforderungen lieber für einen freien Tag und für Ihre besten Lernzeiten auf.

Wichtigkeit: (Prüfungs-)Relevanz und Ziele
Welche Kapitel sind für die Prüfung besonders wichtig? Welche Themen sind die Basis Ihrer schriftlichen Arbeit oder Präsentation? Markieren Sie sie mit einem Rufzeichen. Die Wichtigkeit der einzelnen Themen bestimmt die Reihenfolge, in der Sie sie sich vornehmen.

Wenn Sie sich genau überlegt haben, was Sie wann erledigen wollen, schreiben Sie es am besten in Stichworten auf: Eine To-do-Liste sollte man für jede Arbeitssession machen.

Spätestens wenn Sie beginnen wollen zu arbeiten und Ihnen nicht ganz klar ist, was alles zu tun ist, hilft ein Blick auf diese Liste sehr. Wenn Sie noch keine geschrieben haben, nehmen Sie sich die Zeit, eine schnelle To-do-Liste aufs Papier zu bringen.

Überlegen Sie sich im Vorhinein, welche Unterlagen und Materialen Sie für diese Lernphase brauchen, damit Sie zur festgelegten Lernzeit gleich losstarten können. Die Zeit, die Sie für das Herrichten und Organisieren brauchen, muss unbedingt in Ihren Zeitplan hinein.

VERSTEHEN

Ein großes Fragezeichen leuchtet Alarm, und nichts geht mehr: Sie verstehen etwas einfach nicht. Dieser Zustand ist zwar im Augenblick oft frustrierend und verunsichernd, andererseits ist genau das die Basis von Neugierde und Wissensdrang: eine unbeantwortete Frage.

Wenn Sie etwas nicht verstehen, beschreiten Sie denselben Weg, den andere vor Ihnen gegangen sind, die den Gegenstand erforscht haben – und Sie versuchen Erkenntnisse nachzuvollziehen, deren Erkunden oft Jahrhunderte gedauert hat. Nehmen Sie sich also ruhig ein wenig Zeit, um Dinge wirklich zu verstehen.

In diesem Kapitel zeigen wir Ihnen Strategien und verschiedene Methoden, um Einzelheiten zu verstehen und Zusammenhänge und Bedeutungen zu erfassen.

Weshalb verstehe ich das nicht?

Manchmal steckt man allerdings tatsächlich in einem Lernprozess fest. Sie tüfteln und tüfteln und kommen auf keinen grünen Zweig? Machen Sie einen Schritt zurück und überlegen, warum Ihnen das Thema so viele Schwierigkeiten bereitet.

Tatjana K., 21 Jahre, Ausbildung zur Hairstylistin:
Während des Theorieteils des Kurses habe ich oft bemerkt, dass zu bestimmten Techniken einige Fragen offen geblieben sind. Ich habe mir jedoch gedacht, dass ich mir das in der Praxis erst einmal ansehen möchte – vielleicht würde ich es ja auch so hinbekommen. Im Endeffekt war ich dann aber von vornherein so verunsichert, dass ich nicht frei an die Aufgaben herangehen konnte. In Zukunft werde ich das sicherlich anders handhaben.

Überlegen Sie sich zuerst, woran es liegen könnte:

Liegt es an Ihren Unterlagen?
Sind Ihre Quellen vollständig? Füllen Sie Ihre Wissenslücken. Organisieren Sie sich Hilfe beim Beantworten kniffliger Fragen und suchen Sie sich eine Person, die Ihnen fehlende Dinge erklären kann.

Liegt es an Ihnen selbst?
Können Sie die Gründe bei sich selber finden? Arbeiten Sie unkonzentriert oder müssen Sie sich eingestehen, desinteressiert und nicht wirklich bemüht zu sein? Versuchen Sie ein paar der Tipps aus dem Kapitel „Motivation" umzusetzen (siehe Seite 31) – legen Sie sich einen Plan zurecht, wie Sie sich selber für das Thema motivieren können.

Wenn Sie trotz umfangreicher Unterlagen und ausreichender Motivation und Selbstorganisation nicht weiterkommen, müssen Sie neue Wege einschlagen. Wiederholtes Durchlesen der Unterlagen ist weder eine gute Merktechnik noch ausreichend, um einen Gegenstand zu verstehen. Zusätzlich sind komplexe Gegenstände zu umfangreich und vielschichtig, um „auswendig gelernt" zu werden: Es reicht nicht aus, die einzelnen Teile zu kennen, um das Ganze zu verstehen. Sie müssen den Gegenstand tiefgehend analysieren, um ihn zu begreifen.

Was bedeutet verstehen?

Antonella D., 27 Jahre, Ausbildung zur Kosmetikerin:
Mir hat das begleitende, praktische Arbeiten neben dem Theorieunterricht sehr geholfen, den Lehrstoff zu behalten. Durch die Anschauung musste ich vor der Prüfung nur alles nochmal wiederholen und kam ohne „stures Auswendiglernen“ zu einem guten Prüfungsergebnis.

Dinge zu „wissen“ heißt noch lange nicht, sie zu verstehen. Sie kommen nicht darum herum, sich tiefergehend mit Ihren Lernthemen auseinanderzusetzen. Erst wenn Ihnen die Bedeutung der einzelnen Bausteine und ihre Zusammenhänge klar sind, können Sie sie zu einem stabilen Ganzen zusammensetzen, das Sinn macht. Dann haben Sie den Gegenstand verstanden und ein kleines Stück der Wirklichkeit erklärt.

Inhalte und Informationen zu merken ist für das Verstehen der Bedeutung extrem wichtig. Hier ein Beispiel:

Eine Interpretation der auf den ersten Blick zufälligen und bedeutungslosen Buchstabenfolge wird erst gelingen, wenn Sie verstehen, dass es sich um die Anfangsbuchstaben von Worten handelt:

A V S S D A V A A D F U S U D G V

Aber würden Sie so schon die Worte erraten können? Wahrscheinlich nicht. Erst wenn Sie wissen, dass es sich um ein Kinderlied handelt, steigt Ihre Chance, den richtigen Schluss zu ziehen:

„Alle Vöglein sind schon da,
alle Vöglein, alle
Amsel, Drossel, Fink und Star
und die ganze Vogelschar."

Etwas zu verstehen ist eine komplexe Angelegenheit.

Reiseführer in Ihrer Wissenslandschaft

Ein Thema gut zu verstehen heißt nichts anderes, als sich in diesem Fachbereich richtig gut auszukennen, so wie ein/e FremdenführerIn in einer Stadt: Sie wissen, welche Sehenswürdigkeiten es gibt, was also besonders interessant ist und wie man dorthin gelangt. Sie kennen alle Verbindungen von einem Punkt zum nächsten, gefährliche Abkürzungen genauso wie die Route mit den meisten Aussichten. Als Experte oder Expertin kennen Sie die Hintergründe dazu und können verschiedene Schwerpunkte setzen, je nachdem, wen und warum Sie durch Ihr Fachgebiet führen.

Um sich in einem Fachbereich oder Thema wirklich gut auszukennen, müssen Sie also Informationen nicht nur kennen, sondern Details miteinander verknüpfen. Reines Faktenlernen reicht hier nicht mehr, sondern Sie erschaffen Ihre eigenen Verknüpfungen, Zusammenhänge und Bedeutungen, basierend auf verschiedenen Definitionen und Ausgangspositionen Ihres Fachbereichs.

Fragen stellen

Man muss viel gelernt haben,
um über das, was man nicht weiß,
fragen zu können.
Jean-Jacques Rousseau

Dass selbstgestellte Fragen den Lernerfolg vergrößern, ist bereits lange bekannt (Ross & Killey, 1977). Stellen Sie Fragen an Lehrpersonen, KollegInnen und an sich selber. Dadurch verpacken Sie das Thema bereits in Ihr eigenes Denken.

Hier ein paar Beispiele:

Die Definitionsfrage
Stellen Sie eine Rundumfrage, um eine Übersicht und Klarheit über ein Thema zu bekommen.
Was ist ein Reptil?

Die Kontrastfrage
Im Gegensatz dazu können Sie mit einer Kontrastfrage 2 Themen differenzieren.
Was unterscheidet Reptilien von Amphibien?

Die Beispielfrage / Wortverwendungsfrage
Manchmal ist es besser, statt eine Definition zu erfragen, nach Beispielen oder konkreten Situationen zu suchen, in denen ein Fachausdruck Verwendung findet.
Können Sie ein Beispiel für ein Reptil nennen?

Die Tagesfrage / Prozessfrage
Sie eignet sich hervorragend, wenn Sie Einblick in eine Tätigkeit oder einen Prozess suchen.
Wie ist die Beobachtung der Reptilien heute abgelaufen?
Wie sieht eine typische Paarung dieser Reptilien aus?

Rekapitulation: die „bedeutet das …?"-Frage
Formulieren Sie die betreffende Information in eigenen Worten.
Bedeutet das …?
Habe ich richtig verstanden, dass …?
Könnte man auch sagen …?

W-Fragen
Wenn Ihnen keine Fragen zu Ihrem Thema einfallen sollten, gehen Sie der Reihe nach alle Fragewörter durch, die Sie kennen.
Für konkrete Fakten: wer, was, wo, wann?
Für Fragen nach Zusammenhängen und Vorgängen:
wie, warum, wozu, womit, woher, wohin, wodurch, wogegen?

Indem Sie Fragen stellen und beantworten, verschaffen Sie sich nach und nach klare Sicht auf Ihr Thema oder Ihren Gegenstand, bis Sie alle unscharfen Bereiche genau erkennen können. Am besten stellen Sie Fragen auf unterschiedlichen Ebenen.

Julia N., 30 Jahre, Absolventin des Diplom-Lehrgangs zur Kommunikationsmanagerin:
Bei der Vorbereitung auf die Prüfung habe ich mir nach jedem Kapitel selbst Fragen zum Stoff gestellt. Das hat mir letztlich beim Formulieren der Prüfungsantworten sehr viel Sicherheit gegeben, alles konkret beantworten zu können und mich nicht in Details zu verlieren.

Erkunden Sie Details

Fragend in die Tiefe lesen

Damit Sie beim Lesen wirklich viele Informationen gewinnen und den Text verstehen, reicht es nicht, passiv wahrzunehmen: Sie müssen den Text aktiv lesen. Erinnern Sie sich an das „Interview mit Ihrem Text" (siehe Seite 75): Zuerst verschaffen Sie sich einen Überblick über Aufbau, Länge und die einzelnen Abschnitte des Textes. Danach formulieren Sie möglichst präzise Fragen an den Text. Fühlen sie sich dabei als JournalistIn: Je genauer Ihre Fragen sind, desto präziser werden die Antworten sein.

- *Welche Theorie vertreten die AutorInnen?*
- *Wie wird der Standpunkt vertreten? Welche neuen Argumente kommen vor?*
- *Auf welche Literatur wird Bezug genommen?*
- *Welche Beispiele oder Studien kommen vor?*
- *Welche Erklärungen werden gegeben?*
- *Welche Vorannahmen stecken in dem Text?*
- *Was steht darin über ... XY?*

Um einem Text tiefere Erkenntnisse zu entlocken, erweitern Sie die SQR-Methode (siehe Seite 70) zur SQ3R-Methode (Werder et al., 2001): Survey-Question-Read-Recite-Review-Rewrite.

SQ3R: vom Lesen zum Schreiben

Schritt 1: Read

Bearbeiten Sie jedes Unterkapitel oder jede Texteinheit mit der SQR-Methode. Am besten nehmen Sie ein A3-Papier quer und notieren die Fragen an Ihren Text. Machen Sie sich diesmal genauere Notizen: Schreiben Sie sich zu den Stichworten die Seitenangaben dazu und bei Sekundärzitaten („Huber bezieht sich hier auf ...") auch gleich den Namen der zitierten Person („Huber"). Wenn Sie besonders prägnante Formulierungen finden, zitieren Sie sie am besten gleich dazu oder vermerken „Gutes Zitat dazu auf Seite X". Notieren Sie eigene Ideen und Fragen gleich und kennzeichnen sie.

Schritt 2: Recite

Haben Sie den Text durchgearbeitet, legen Sie den gedruckten Text außer Sichtweite und formulieren die gefundenen Antworten und Ideen in Ihren eigenen Worten. Versuchen Sie dabei immer korrekt zu paraphrasieren – sodass immer klar ist, von wem welcher Gedanke stammt:

- *„Meier zitiert hier Huber, welche ausführt ..."*
- *„Meier argumentiert, dass ..."*
- *„Laut Meier ..."*
- *„Der Autor vertritt hier die Meinung ..."*

- *„Meier zufolge ..."*
- *„Er expliziert seine Idee von ..."*
- *„Meier schließt sich Huber an, indem ..."*
- *„Folgt man Meier, so liegt die Ursache hierfür ..."*
- *„Meier demonstriert in seiner Untersuchung ..."*

Schritt 3: Review
Schlagen Sie nun die Brücke von den Antworten, die Sie im Text gefunden haben, zu den vorher formulierten Fragen: Schreiben Sie in Ihren eigenen Worten, welche Fragen wie beantwortet wurden und was Sie davon halten. Integrieren Sie dabei gleich die eigenen Ideen und Fragen, die Sie sich beim Lesen notiert haben.

In den so entstandenen Book-Reports oder Exzerpten haben Sie sich die Inhalte Ihrer Literatur bereits erarbeitet und Ihre eigenen Fragen dabei berücksichtigt. Zusätzlich können Sie sie gut für die weitere Beschäftigung mit dem Thema verwenden – zum Beispiel in eigene Texte einbauen.

Oft ist es nicht so leicht zu erfassen, welches „Indiz" wozu gehört oder in welche Kategorie es passt. Vieles wird in der Fachliteratur nur implizit mitgedacht. Viele Vorannahmen werden nicht explizit dargestellt. Um klar sehen zu können, ist es hilfreich, detailliert zu beschreiben.

Beschreiben Sie präzise

Zu einer guten Analyse und eindeutigen Identifikation von Sachverhalten gehört ein differenziertes Beschreiben der Details. Versuchen Sie alles, was Sie vorfinden, möglichst genau darzustellen. Damit Sie ein treffendes Bild bekommen, stellen Sie die Inhalte am besten auf unterschiedliche Arten dar.

Visualisieren Sie genau

Versuchen Sie Ihr Thema zu skizzieren oder es sich räumlich vorzustellen. Viele berühmte Mathematiker haben sich ihre Probleme dreidimensional vor Augen gehalten und so gelöst.

- *Zeichnen Sie ein Skizze von jedem Detail.*
- *Versuchen Sie eine Farbassoziation oder ein Bild mit jedem Punkt in Verbindung zu bringen.*
- *Stellen Sie sich vor, Ihr Gegenstand ist ein Wesen, eine Maschine oder ein Tier. Zeichnen Sie es mit allen wichtigen Teilen und fügen Sie genaue Funktionsbeschreibungen zu den einzelnen Teilen dazu – wie bei einem Bild in einer Gebrauchsanweisung oder eine zoologische Zeichnung eines Tieres oder einer Pflanze.*

Auf den Punkt bringen

Oft neigt man dazu, komplexe Dinge zu umschreiben und um den heißen Brei herumzureden, wenn man versucht, sie zu beschreiben. Versuchen Sie komplexe Szenarien auf den Punkt zu bringen:

- *Finden Sie geeignete Überschriften zu den einzelnen Punkten.*
- *Fassen Sie jeden Punkt in einem Satz zusammen.*
- *Wählen Sie die 3 wichtigsten oder charakteristischen Aspekte eines Themas aus.*

Eine andere Vorgangsweise sind reduktive Lernmethoden wie zum Beispiel Lernplakate. Dabei reduzieren Sie komplexe Wissensgebiete auf wenige vernetzte Stichworte.

Lernplakate: Werbung für den Kopf

Facts: Stroop-Effekt.
Folgendes Experiment hat Stroop 1935 durchgeführt:

Schreiben Sie die folgende Liste Wort für Wort ab. Verwenden Sie dabei mindestens 5 unterschiedliche Farben, in denen Sie die einzelnen Worte beliebig „einfärben“. Lesen Sie dann nicht die einzelnen Begriffe laut vor, sondern benennen, in welcher Farbe die Wörter geschrieben sind.

Haus	Berg	Wohnung	Schnee	Wolke	Fernseher	Studium	Mogli
Sonntag	Kette	Segel	Kerze	Kirche	Samurai	Tee	Erfolg

Verfahren Sie mit folgender Liste ebenso. Wichtig dabei ist, dass die Farbbezeichnungen und die gewählte Schriftfarbe nicht ident sind. Dann wiederholen Sie diese Übung mit der folgenden Wortliste:

blau	**rot**	**grün**	**violett**	**schwarz**	**rot**	**orange**	**rosa**
braun	**grün**	**weiß**	**türkis**	**gelb**	**braun**	**grün**	**weiß**

Wenn Sie es selbst ausprobieren, werden Sie bemerken, dass die widersprüchliche sprachliche Information verwirrt und die Aufgabe erschwert.

Gute LeserInnen erkennen Wörter als Einheit und lesen sie ganz automatisch. Die Bedeutung lässt sich nicht ausblenden. Werbung nützt diesen Effekt aus: Sie können gar nichts anders, als all die Plakate auf der Straße zu lesen.

Nützen Sie den Stroop-Effekt aus, um nebenbei und automatisch zu verstehen. Gestalten Sie Werbeplakate für den Kopf.

Schreiben Sie wichtige Definitionen, Erklärungen oder Formeln und Zusammenhänge auf kleine selbstklebende Notizzettel und verteilen Sie sie im Haus. Nützen Sie vor allem Orte, die Sie häufig aufsuchen: die WC-Tür, den Kühlschrank und den Badezimmerspiegel. Umfangreichere Themen können Sie auf größere Papierbögen schreiben und zeichnen und als Lernplakate aufhängen.

Karl M., 52 Jahre, Absolvent der Werkmeisterschule:
Ich muss zugeben, ich hatte überhaupt keine Lust all diese Formeln auswendig zu lernen. Dann hat mir eine Freundin geraten, sie auf kleine Notizzettel zu schreiben. Die Notizzettel habe ich an unterschiedlichen Orten in meiner Wohnung aufgehängt, bei der Prüfung wusste ich teilweise genau, wo welche Formel in meiner Wohnung hängt und konnte die Zetteln in Gedanken vor mir sehen.

Die Technik des Lernplakats verbindet Visualisierung mit Bedeutung und ist daher eine gute Merktechnik.

Isabella B., 20 Jahre, Absolventin des Diplomlehrgangs „Shopdesignerin – Dekoration und Gestaltung von Verkaufsräumen“:
Die Themenvielfalt des Kursinhaltes habe ich mittels farblicher Gestaltung bezwingen können.

Erkennen Sie Bedeutungen und Zusammenhänge

Oft reicht es nicht, nur die Einzelheiten oder Details zu verstehen, um das Ganze zu begreifen. Es ist genauso wesentlich, die vorhandenen Beziehungen, Zusammenhänge und Funktionen zu erfassen. Dann erst erschließen sich Ihnen die Bedeutungen einzelner Details.

Mit den Details arbeiten

Um etwas komplett zu verstehen, müssen Sie nicht nur alle Details kennen, sondern auch ihre Beziehungen zueinander durchschauen. Das gelingt Ihnen, wenn Sie mehrere Details gemeinsam betrachten.

Hierzu gibt es unterschiedliche Möglichkeiten, die Sie anwenden können:

- *Vergleichen: Konzentrieren Sie sich auf Gemeinsamkeiten. Was verbindet die beiden Punkte? Was haben sie gemeinsam? Worin sind sie sich ähnlich oder gleichen sich sogar?*
- *Matrix: Erstellen Sie eine Matrix mit Eigenschaften und teilen Sie den einzelnen Details die jeweiligen Eigenschaften zu. (Beispiel: Eisenhower-Matrix, siehe Seite 23)*
- *Kontrastieren: Versuchen Sie verschiedene Details gegenüberzustellen und richten Sie Ihr Augenmerk darauf, was sie voneinander unterscheidet: Worin gleichen sich die Gegenstände nicht? Welche Details sind anders? Wo beginnt die Abweichung?*
- *Umkehren: Um klarer zu sehen, was das Detail ist bzw. was nicht, versuchen Sie seine Eigenheiten ins Gegenteil zu kehren. Fragen Sie sich, was sich dadurch ändern würde.*

Eine gute Möglichkeit, die Unterschiede oder Gemeinsamkeiten zu visualisieren, ist das Doppelcluster. Schreiben Sie beide Begriffe in die Mitte und clustern getrennt dazu (zum „Clustering“ siehe Seite 92).

Zusammenhänge sichtbar machen

Sie wollen die einzelnen Elemente oder Aspekte Ihres Themas nicht nur einzeln verstehen, sondern sich auch im Klaren darüber sein, wie sie zusammenhängen und welche Bedeutung sie füreinander haben. Am besten machen Sie sie bildhaft sichtbar, um sie klar vor Augen zu haben.

Facts: Multimedia-Effekt.
Mayer beschreibt in seinem Buch den „Multimedia effect" (Mayer, 2001). Demnach können wir einen Text besser verstehen, wenn die Informationen auch bildlich dargestellt werden. Eine besonders gute Kombination ist es übrigens, einen Text zu hören, während man ein erklärendes Bild betrachtet.

Wie bereits erläutert, ist multimodales Erfassen von Themen für ein besseres Verständnis hilfreich: Um einen Sachverhalt klar zu sehen, machen Sie sich ein Bild davon.

Sachverhalte multimodal darstellen

- *Stellen Sie sich vor, Sie wären ein berühmter Experte des Gebietes, und schreiben sich einen Brief, in dem Sie sich das Thema erklären. Oder schreiben Sie einen Klappentext für ein Buch, das genau von diesem Gebiet handelt. Stellen Sie sich ein Schulkind vor, das Sie kennen: Formulieren Sie die einzelnen Informationen so, dass sie ein Schulkind verstehen könnte und gespannt zuhören würde.*
- *Zeichnen Sie Ihren Sachverhalt als Landschaft: Dort gibt es Gipfel der Komplexität, die noch nie bestiegen wurden, unerforschte Urwälder, reißende Flüsse, geschäftige Städte: Geben Sie ihnen alle einen Namen und verbinden sie durch Straßen, Eisenbahnen oder Ähnliches. Wenn Sie Ihre Wissenslandkarte fertig haben, schauen Sie sich an, welchen Weg Sie bisher eingeschlagen haben und welche Wege Sie noch ausprobieren könnten.*
- *Wählen Sie verschiedene Gegenstände aus für die Bestandteile oder Aspekte Ihres Themas. Benennen Sie jeden Gegenstand und stellen einen nach dem anderen auf eine freie Fläche. Platzieren Sie sie so zueinander, dass sich ein stimmiges Gesamtbild ergibt. Denken Sie dabei nicht zu viel, sondern schieben die Gegenstände so lange herum, bis Sie das Gefühl haben, jeder ist am richtigen Platz.*

- *Zeichnen Sie ein Clustering (siehe Seite 92) zu Ihrem Thema und bringen dadurch die einzelnen Details in einen assoziativen Zusammenhang.*
- *Machen Sie ein Mini-Mindmap (siehe Seite 91), um die Details in einen hierarchischen Zusammenhang zu stellen. Eine andere Möglichkeit ist, Hierarchien grafisch darzustellen.*

Grafiken um Hierarchien darzustellen:

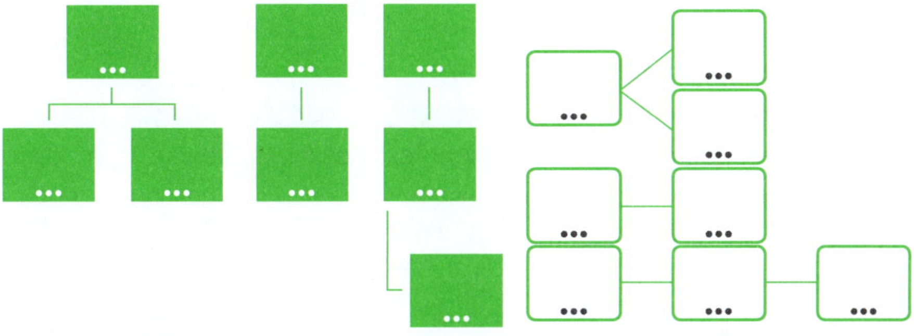

Prozesse anschaulich darstellen

Um Prozesse oder Beziehungen darzustellen, eignen sich verschiedene Symbole:

- ***Pfeile und Pfeildiagramme:*** *So können Sie Zusammenhänge, Wirkungen und Wechselwirkungen gut veranschaulichen.*

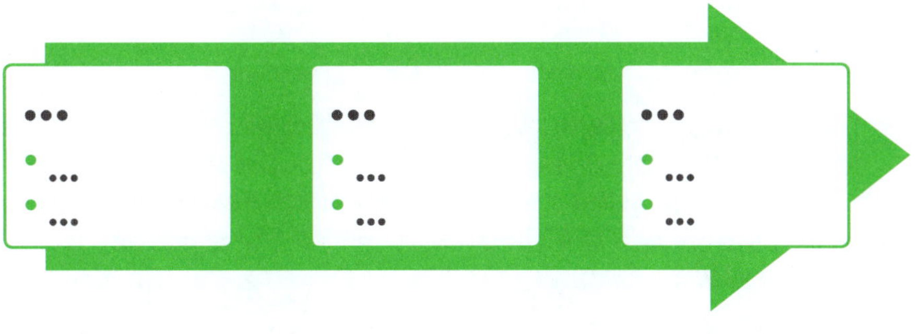

- ***Kreisläufe:*** *Zyklen und immer wiederkehrende Prozesse stellen Sie am besten kreisförmig dar. Der Kreislauf kann in eine oder in beide Richtungen ablaufen.*

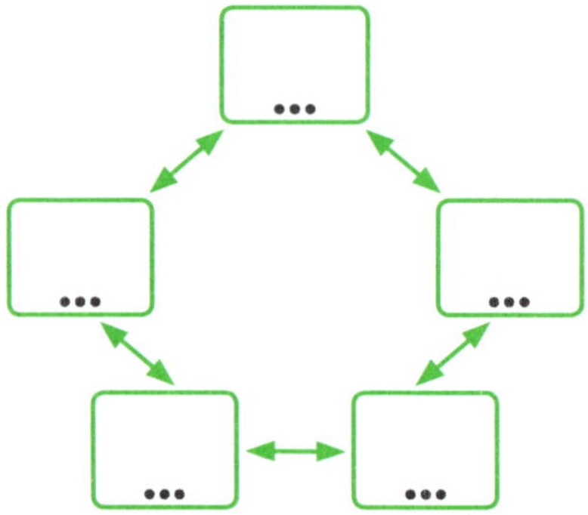

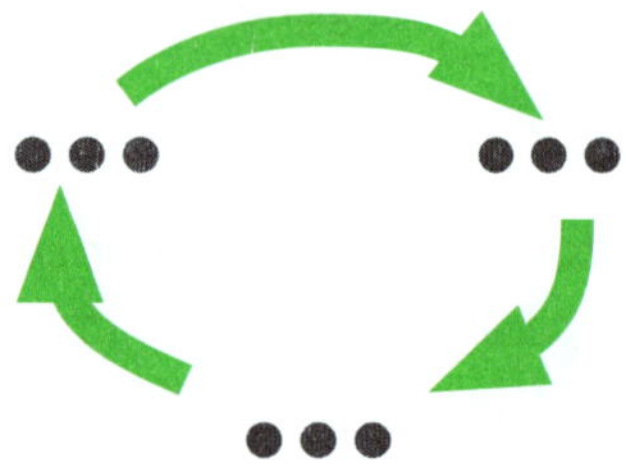

- ***Zeitlinie und Zahlengerade:*** *Wichtige Zeitpunkte, Mengenangaben oder überlappende Prozesse und Abläufe lassen sich gut auf Zeitlinien oder Zahlengeraden festhalten.*

Erklären

Indem Sie versuchen, anderen komplexe Sachverhalte zu erklären, bemerken Sie schnell, was Sie so gut verstanden haben, dass Ihr Gegenüber versteht. Genauso schnell wird sichtbar, welche Gedankengänge und Ideen Sie noch nicht so klar kommunizieren können, weil Sie die Zusammenhänge oder Hintergründe noch nicht gänzlich durchschaut haben.

Sprechen Sie mit KollegInnen und Lehrenden über die aktuellen Lernthemen. Diskutieren Sie interessante Fragen und Problemstellungen. Oft wird die eigentliche Bedeutung von Zusammenhängen erst durch ihr Aussprechen und Formulieren klar. Versuchen Sie nicht nur alleine zu Hause Ihren Fachbereich zu erkunden, sondern erschließen ihn sich im kommunikativen Austausch mit KollegInnen.

Sie können mit sich selbst diskutieren, indem Sie Ihre Erklärungen als mp3 oder auf Tonband aufnehmen und später (frühestens am nächsten Tag) anhören.

In eigene Worte fassen

Sie verarbeiten eine Information tiefer, wenn Sie sie selbst formulieren. Anstatt Lehrbuchstellen Wort für Wort wiederzugeben, üben Sie sich darin, das Wissen in eigene Worte zu fassen.

Versuchen Sie folgende Übungen dazu:

- ***Hilfsbereitschaft:*** *Stellen Sie sich nach dem nächsten Kurseinheit vor, dass eine befreundete Teilnehmerin anruft und nach den Inhalten fragt. Erzählen Sie sie in Gedanken in eigenen Worten nach und fassen Sie sie zusammen. Schreiben Sie die wichtigsten Inhalte für sie in ein E-Mail.*
- ***Beispiele generieren:*** *Überlegen Sie sich Fallbeispiele oder beschreiben Sie Metaphern, die passen könnten.*

Bettina R., 32 Jahre, Ausbildung zum Wedding Planner:
Am leichtesten merke ich mir den Stoff, wenn ich laut aus dem Skriptum vorlese und den Inhalt danach in eigenen Worten wiedergebe.

Reflektieren

Wenn Sie denken, Sie haben Ihren Gegenstand richtig ausführlich begutachtet, dargestellt und verstanden, überdenken Sie Ihre Erkenntnisse. Dazu brauchen Sie zuerst ein wenig Distanz: Lassen Sie ein paar Tage vergehen, in denen Sie sich nicht mit dem Thema beschäftigen. Dann versuchen Sie Ihre eigenen Erkenntnisse und Beschreibungen sachlich zu begutachten.

Schreiben Sie über das Thema

Nutzen Sie Freewriting und Journal-Schreiben, um über Ihr Thema schreibend nachzudenken. Lesen Sie sich danach Ihren eigenen Text noch mal durch und unterstreichen Sie Stellen, wo Sie klare Erklärungen finden.

Wechseln Sie die Perspektive

Lesen Sie Ihre eigenen Erkenntnisse und Erklärungen durch und stellen sich vor, Sie wären Ihre größte Kritikerin. Versuchen Sie Gegenargumente zu finden und Ihre eigenen Ideen bewusst zu kritisieren. Suchen Sie nach Lücken und Unstimmigkeiten, wo Sie ansetzen können, um Ihre Herangehensweise zu zerlegen.

Vernetzen Sie das große Ganze

Alle Methoden zum Erkennen von Bedeutungen und Zusammenhängen können Sie auf die interne Sicht Ihres Fachgebietes beschränken. Um den letzten Schritt zu tiefem, vernetztem Verstehen Ihres Gegenstandes zu setzen, erweiteren Sie nun Ihre Sicht auf das Umfeld, den Kontext Ihres Themas.

Interpretieren

Wie finden Sie heraus, welche Zusammenhänge und Bedeutungen zwischen Ihrem Thema mit all seinen Details und anderen Bereichen bestehen könnten?

Benutzen Sie Schreiben als Denkmethode (siehe Seite 87). Versuchen Sie dazu eventuell folgende oder ähnliche Schreibansätze:

- *Nehmen Sie an, dass Ihr Gegenstand eine bestimmte Bedeutung für einen anderen Fachbereich hat, und beschreiben Sie diese Auswirkung möglichst präzise.*
- *Vermuten Sie Zusammenhänge und suchen Sie Argumente dafür. Verfassen Sie ganze Argumentationen für den fiktiven Zusammenhang und prüfen Sie sie im Nachhinein auf ihre Stichhaltigkeit.*
- *Verkuppeln Sie Ihr Thema mit einem beliebigen anderen, und betrachten Sie beide als Paar. Verändern sie das Gesamtbild? Wenn ja, wie?*

Assoziieren

Während Sie versuchen zu verstehen, bringen Sie Informationen miteinander in Verbindung. Begriffe, die ursprünglich nichts miteinander zu tun hatten, werden assoziiert, und neue Informationen werden in das Wissensnetz integriert.

Logische Assoziationen knüpfen

Erwachsene suchen meist logische Verbindungen.

Wenn Sie wissen, dass die Vorsilbe „prä“ „vor“ bedeutet und Sie „historisch“ mit Geschichte in Verbindung bringen, fällt es Ihnen einfach, den Begriff „prähistorisch“ mit der Ur- und Frühgeschichte zu assoziieren.

Multimodale Assoziationen gestalten

Versuchen Sie mentale Bilder festzuhalten oder zu visualisieren, die eine andere Qualität oder Charakteristika zum Ausdruck bringen.

Assoziieren Sie Farben, Gegenstände, Bilder, Tiere, Geräusche, Gerüche, Geschmäcker oder taktile Empfindungen.

Versuchen Sie Muster zu erkennen

Mustererkennung ist eine besondere Fähigkeit, die komplexes Denken auszeichnet. Sie erkennen schon in wenigen Strichen ein Objekt, bilden aus wenigen Lauten ein Wort, entdecken also einmal erkannte Muster extrem schnell.

Eine sehr bewährte Methode, um zu assoziieren, ist Clustering (siehe Seite 92). Machen Sie ein Clustering zu Ihrem Thema und lassen Ihren Gedanken freien Lauf.

Nehmen Sie sich die Zeit, mögliche Muster zu entdecken. Wie bei einem Umspringbild ist dazu oft langes Hinschauen notwendig. Dann plötzlich erkennen Sie das neue Bild.

Haiku

Buddhistische Mönche haben ihre Fähigkeit, komplexe Beobachtungen auf den Punkt zu bringen, mit Haikus trainiert: Nach einem ganzen Tag Naturbeobachtung versuchten sie, die vielschichtigen Ereignisse und Stimmungen in einem nur dreizeiligen Gedicht, einem Haiku, aufs Papier zu bringen. Ein Haiku ist eine japanische Gedichtform mit strikten formalen Vorgaben:

1. *Zeile: 5 Silben*
2. *Zeile: 7 Silben*
3. *Zeile: 5 Silben, mit einer Pointe, etwas Überraschendem oder der philosophischen Essenz des Gedichtes:*

1 2 3 4 5
Der Som mer kam doch

1 2 3 4 5 6 7
So ein zig zu den Blätt ern:

1 2 3 4 5
In all en ein zeln (Basho)

Versuchen Sie ein Haiku zu Ihrem Kurs-Thema zu machen. Das hilft Ihnen dabei, Ihr Thema auf die Essenz, den Kernpunkt, zu reduzieren.

Vielfalt der Sprachen
Tausende Möglichkeiten
Wie etwas ankommt.

Das Puzzle vervollständigen

Irgendwann erreichen Sie den Punkt, wo sich plötzlich alle Einzelteile zu einem Ganzen zusammenfügen: Es ist ein toller Moment, wenn plötzlich vor dem inneren Auge alles klar sichtbar wird – dann haben Sie Ihr Thema tatsächlich verstanden.

Ein komplexes Thema, ein Netz von Wissensstücken und Zusammenhängen, können Sie nun wie einen eigenen Organismus betrachten. Damit ist eine Grenze zu allen Elementen gesetzt, die nicht dazugehören, und Sie können nun einen Schritt weiter gehen: Ihren Gegenstand mit seiner Umwelt vernetzen.

Pia M., 42 Jahre, Werkmeisterschule
Für die Grundlagen aus Elektrotechnik und Elektronik musste ich auch den Begriff der Korrosion erarbeiten. Um Korrosion zu verstehen habe ich mir einfach alles notiert, was mir dazu eingefallen ist.

Korrosion…

… ist beispielweise das Rosten, die Oxidation von Eisen.

… passiert wenn ein Stoff mit seiner Umgebung reagiert und sich dadurch verändert.

… zerstört ein Viertel der jährlichen Produktion von Metallwerkstoffen.

… kann durch Klemmen, Lack, Fett oder Anoden verhindert werden.

… ist der Grund warum man nach Möglichkeit gleiche Werkstoffe verwenden sollte.

Am Ende habe ich festgestellt, dass alle diese Einzelheiten ein rundes Gesamtbild ergeben. Ursprünglich habe ich mir gedacht, dass ich nicht beantworten könnte, was Korrosion ist, aber dann habe ich festgestellt, dass ich eigentlich doch ziemlich viele Details aufzählen kann.

Eigene Position

Abschließend können Sie feststellen, wo Sie selbst stehen: Entwickeln Sie eine eigene Position Ihrem Thema gegenüber.

- *Mit welchem Vorwissen und welchen Vorannahmen betrachten Sie Ihr Thema?*
- *In welche Argumentationsketten binden Sie es ein?*
- *Welche Details des Themas sind dabei von Bedeutung für Sie?*
- *Was bedeuten sie für Ihre Fragestellung oder Ihr Problem?*
- *Welche Details treten von Ihrem Blickwinkel aus in den Hintergrund?*
- *Welche Konklusionen, Schlussfolgerungen, ziehen Sie auf dieser Grundlage?*

Dazu gehört, dass Sie Ihren Gegenstand nun positionieren, und Zusammenhänge, Parallelen und Auswirkungen auf andere Bereiche aufzeigen und untersuchen.

Beruflicher Rahmen

Wenn Sie Ihr Thema nun so richtig von allen Seiten durchschaut haben, ist es wichtig, dass Sie Zusammenhänge zu Ihrer beruflichen Praxis herstellen und offene Fragen aufzeigen.

- *Welchen Nutzen können Erkenntnisse in diesem Fachbereich bringen?*
- *Welche Fragen können damit gelöst, welche Erkenntnisse gewonnen werden?*
- *Welche Anwendungen zum Wohle der Allgemeinheit könnten daraus resultieren?*
- *Ergeben sich dadurch Implikationen für andere Bereiche/Theorien?*
- *Entstehen dadurch Widersprüche oder werden welche aufgeklärt?*

Jetzt, wo Sie sich in Ihrem Fachgebiet auskennen und es verstehen, geht es daran, die Erkenntnisse und Eckdaten abzuspeichern: Fachausdrücke, Vokabeln, Paragraphen, Konstanten etc. sollen sicher ins Gedächtnis integriert werden. Eselsbrücken und Merktechniken helfen Ihnen dabei.

Dieses Kapitel zeigt Ihnen, wie Sie die Eigenschaften Ihres Gedächtnisses gezielt nützen, um sich wichtige Informationen einzuprägen.

Nicht alles, was Sie lernen müssen, hat Form und Ordnung. In diesem Kapitel lernen Sie, Merkstrategien, so genannte Mnemotechniken, kennen, mit denen Sie Daten und Fakten gezielt und strukturiert lernen können.

Facts: Mnemotechniken.
Der Ausdruck „Mnemotechnik" leitet sich vom altgriechischen **mnēmē (μνημη)**, Gedächtnis/Erinnerung, ab (Köbler, 2007). In der Zeit vor dem Buchdruck war ein gutes Gedächtnis von noch größerer Bedeutung als heute. Damals wurde die Gedächtniskunst, „ars memoria", gelehrt und gepflegt. Aus dieser Zeit stammen die Mnemotechniken. Mnemotechniken helfen Ihnen, Fakten zu strukturieren. Sie bieten das Grundgerüst für Ihre Erinnerung.

Was Sie nie verwenden, wird schnell wieder vergessen. Um Informationen nachhaltig in Ihr Gedächtnis zu integrieren, brauchen Sie Wiederholungen. In welchen Abständen und auf welche Weise Sie am besten wiederholen können, erfahren Sie im letzten Abschnitt dieses Kapitels.

Fachausdrücke, Vokabeln und Namen

Facts: Eselsbrücken.
Angeblich kommt der Begriff Eselsbrücke davon, dass Esel besonders wasserscheu sind und sich störrisch und konsequent weigern, Wasserläufe zu überqueren. So musste früher, um Reisen erfolgreich fortzusetzen, für die Esel eine eigene Brücke gebaut werden. Eine Eselsbrücke bezeichnet demnach eine Methode, die zwar einen gewissen Mehraufwand darstellt, ohne die das entsprechende Ziel aber möglicherweise nie erreicht werden würde.

Eselsbrücken sind Merksprüche oder Schlüsselwörter, die Sie dabei unterstützen, bestimmte Wissensinhalte wie schwierige Begriffe oder Definitionen in ihr Wissensnetz zu integrieren. Vermutlich hatten Sie schon während Ihrer Schulzeit Kontakt mit Eselsbrücken. Denken Sie kurz zurück: An welche Merksätze können Sie sich noch erinnern?

Im Laufe Ihrer Weiterbildung wird es passieren, dass einzelne Details einfach nicht hängenbleiben. Zur Prüfungsvorbereitung möchten Sie aber beispielsweise Formeln fehlerfrei wiedergeben können. Dabei können Eselsbrücken von großer Hilfe sein. Aus diesem Grund wird in diesem Abschnitt vorgestellt, wie Sie sich selber Eselsbrücken bauen können, damit Sie für jede Situation eine Merkhilfe parat haben.

Schlüsselwörter

Fachausdrücke, Vokabeln oder Eigennamen können Sie sich merken, indem Sie sich ein einfaches Schlüsselwort suchen, das an den zu lernenden Begriff erinnert. Diese Strategie wurde als „keyword method“ bereits in den 70er Jahren beschrieben und untersucht (Raugh & Atkinson, 1974).

Die Schlüsselwortstrategie besteht aus 2 Teilschritten:

1. ***Suchen Sie ein Schlüsselwort.*** *Ein Schlüsselwort ist ein einfacher Begriff, der dem Fachausdruck oder Vokabel ähnlich ist. Ein Schlüsselwort kann ein Wort sein, das mit denselben Anfangsbuchstaben beginnt, oder ein Reimwort.*
2. ***Verknüpfen Sie das Schlüsselwort mit der Information, die Sie sich merken möchten,*** *also mit der Übersetzung des Vokabels, der Definition des Fachausdrucks oder dem Träger des Eigennamens.*

Hier ein paar Beispiele:

Europa

*Die Hauptstadt von Zypern heißt „**Nik**osia".*

*1. Schlüsselwort: „**Niko**laus" beginnt mit denselben Anfangsbuchstaben.*

2. Verknüpfung: St. Nikolaus kommt mit dem Schiff in Zypern an/der Nikolaus sonnt sich am Strand von Zypern.

Anatomische Fachausdrücke

*Das Schulterblatt wird als „Sc**apula**" bezeichnet.*

*1. Schlüsselwort: Auf Scapula reimt sich „Dr**acula**".*

2. Verknüpfung: Dracula beißt ins Schulterblatt.

Bilder als Eselsbrücken

Das Bild zeichnet sich stets durch eine eigentümliche Frische aus,
auf die der Gedanke keinen Anspruch erheben kann.
Ein Gedanken ist abgeleitet und gezähmt. Das Bild ist wild und im Urzustand.
John Crowe Ransom

Unser Erinnerungsvermögen für Bilder ist besonders stark. Hilfreich sind darum Eselsbrücken, die Sie zeichnerisch gestalten können.

Wortbilder verlangen eine gewisse Kreativität. Beginnen Sie damit, Begriffe zu zeichnen, anstatt sie zu schreiben. Konkrete Bilder lassen sich leichter darstellen als abstrakte Begriffe. Verwenden Sie einfache Symbole, um komplexe Themen darzustellen. „Idee“ lässt sich etwa mit einer Glühbirne symbolisieren, für andere abstrakte Begriffe müssen Sie möglicherweise eigene Symbole entwickeln. Hier ein paar Beispiele:

Französisch

Die Reihenfolge der Pronomen in der französischen Satzstellung lässt sich durch folgendes Dreieck veranschaulichen:

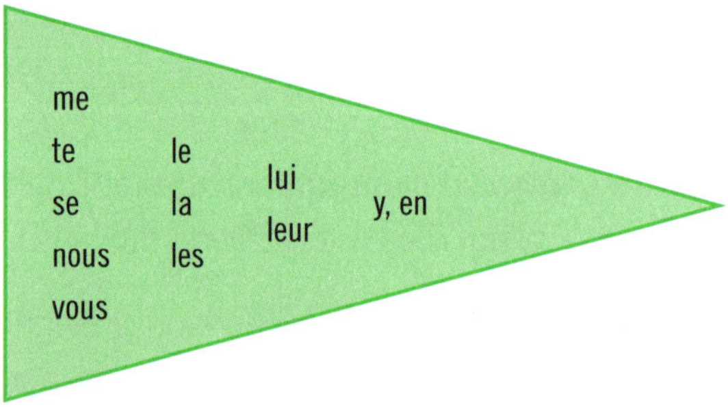

- *me, te, se, nous und vous stehen vor le, la, les.*
- *le, la, les stehen vor lui, leur.*
- *alle Genannten stehen vor y und en.*

Genetik

Startsequenz, an der die RNA abgelesen wird: Adenin, Uracil, Guanin.

Elektrotechnik

Die Spannung in einem Wechselstromkreis wird als Scheinspannung bezeichnet: das scheinbar volle Bierkrügerl.

Nur ein Teil davon ist tatsächlich verwendbarer Strom – die Wirkleistung: das Bier im Glas.

Der Rest ist die Blindleistung, das ist Energie, die zwischen Energiequelle und Gerät pendelt und daher nicht genützt werden kann: der Schaum.

Vorsicht vor Verwechslungen

Eselsbrücken können nicht nur dazu dienen, sich an konkrete Begriffe zu erinnern, sie können Ihnen auch dabei helfen, ähnliche Ausdrücke auseinanderzuhalten. Wenn Verwechslungsgefahr besteht, geht es darum, Eselsbrücken zu bauen, die auf die Unterschiede hinweisen.

Markieren Sie genau, in welchen Buchstaben sich 2 Begriffe unterscheiden. Heben Sie ebenfalls die inhaltlichen Unterschiede hervor: Worin unterscheiden sich die beiden Begriffe tatsächlich? Welche Eigenschaften möchten Sie nicht verwechseln? Versuchen Sie dann die hervorgehobenen Buchstaben mit genau diesen Merkmalen zu assoziieren.

Elektronik

Bei der Elektrolyse unterscheidet man eine Anode und eine Kathode. Die Anode ist positiv geladen, die Kathode negativ.

Eselsbrücke:

Anode: Früher (**An**no 1990) war alles besser (positiver).

Kathode: Hilfswort „**ka**rg" beginnt mit denselben Anfangsbuchstaben. Und karg, spärlich lässt sich gut mit negativ assoziieren.

Übrigens: In Schaltdiagrammen wird die **An**ode mit einem l**an**gen Strich gekennzeichnet, die **K**athode mit einem **kurzen**.

Neurophysiologie:

In unserem Gehirn gibt es 2 Sprachareale:

Wernicke-Areal: Sprachverständnis
Broca-Areal: Sprachproduktion

Eselsbrücke:

***Wer**nicke – **Ver**ständnis*
***Bro**ca – **Pro**duktion*

Zahlen, Paragraphen und Formeln

Rechnungen und Logik

Passiert es Ihnen, dass Sie in Autokennzeichen oder Telefonnummern ganz automatisch Rechnungen oder andere logische Zusammenhänge erkennen? Nützen Sie diese Technik dazu, sich Zahlen einzuprägen.

Jahreszahlen

1688: Glorious Revolution in Großbritannien
16 = 8 + 8

1938: Anschluss Österreichs an Deutschland
19 x 2 = 38

Reime und Rhythmus

Dies ist das Gefühl für Laut und Rhythmus,
das weit tiefer reicht als alles bewusste Denken und Fühlen
und das jedes Wort mit lebendiger Kraft erfüllt.
T.S.Eliot

Wie merken Sie sich Ihre eigene Telefonnummer? Wahrscheinlich sagen Sie Ihre Telefonnummer immer in einem ganz bestimmten Rhythmus auf. Das kann sogar so weit gehen, dass Sie Ihre eigene Telefonnummer nicht erkennen, wenn jemand anderer sie in einem anderen Rhythmus oder einer anderen Ziffern-Konstellation aufsagt.

Formeln oder Zahlen, die in sich rhythmisch klingen wie $a^2+b^2 =c^2$, merken Sie sich darum besonders leicht. Verpacken Sie wichtige Zahlenkombinationen darum bewusst in rhythmische Merksätze:

Jahreszahlen

1773: Boston Tea Party
*Boston, **eins sieben sieben drei***
fiel jede Menge Tee vom Kai

oder auch:
vom Tee waren die Fische high

1815: Ende der Herrschaft Napoleons
Achtzehnhundertundfünfzehn
Napoleon muss endlich geh'n

1848: Deutsche Revolution
*Die Revolution begann in **eins acht vier acht***
sie hatten genug von der Übermacht

Bilder

Wenn Sie Vokabeln lernen, möchten Sie auch nicht nur die einzelnen Begriffe fehlerfrei schreiben können, sondern wissen, was sie bedeuten. Wenn Sie sich Formeln einprägen möchten, denken Sie daran, die Zeichen-Kombinationen mit ihrer Bedeutung zu verknüpfen.

Geometrie

Die Flächenformeln verschiedener geometrischer Figuren können Sie am besten direkt in die entsprechenden Figuren schreiben.

Elektronik

Ohmsches Gesetz: U = R*I, R = U/I, I = U/R
Das Ohmsche Gesetz können Sie im folgenden Dreieck visualisieren: Buchstaben, die nebeneinander stehen, werden multipliziert, Buchstaben, die untereinander stehen, werden dividiert.

Wer sagt, dass Ziffern nur leblose, langweilige Symbole sind? Erwecken Sie Ziffern zum Leben, indem Sie sie Gestalt annehmen lassen. Überlegen Sie sich, welche Bilder Sie mit verschiedenen Zahlen assoziieren. Finden Sie so für trockene Zahlen, die Sie sich merken sollten, greifbare Assoziationen.

Geburtshilfe

Dauer einer Schwangerschaft: 268 Tage (nach dem Eisprung)
Merkhilfe: Zwei (2) machten Sex (6) und gaben nicht Acht (8)

Jahreszahlen

1911: Amundson betritt als erster Mensch den Südpol
Merkhilfe: Amundson spielt am Südpol Fußball (11 Spieler am Feld)

Marianne S., **32 Jahre, Elektrotechnikerin:**
In der Werkmeisterschule mussten wir die unterschiedlichen Zehnerpotenzen beherrschen.

1.000.000.000.000.000.000 = 1018 = Exa

1.000.000.000.000.000 = 1015 = Peta

1.000.000.000.000 = 1012 = Tera

1.000.000.000 = 109 = Giga

1.000.000 = 106 = Mega

1.000 = 103 = Kilo

Der Ausdruck „Kilo“ war mir natürlich geläufig, für die anderen habe ich mir die folgenden Eselsbrücken überlegt:

18 => Exa: Man muss EXAkt 18 Jahre alt werden um volljährig zu werden.

15 => Peta: Mein imaginärer Neffe „Peter“ ist 15 Jahre alt.

12 => Tera: 12 erinnert mich an die Uhr, und diese tickt (wieder die selben Anfangsbuchstaben: T wie „ticken“ und „tera“).

9 => Giga: Wenn ich die Zahl neun in Gedanken drehe, sieht sie ein wenig aus wie eine Gitarre. (Das Wort „Gitarre“ beginnt wie „Giga“ mit G und I).

6 = >Mega: Dafür fallen Ihnen sicher Ihre eigenen Eselsbrücken ein.

Auflistungen und große Datenmengen

Listen schreiben

Listen schreiben ist ein wichtiges Tool, um sich konkrete Informationen besser zu merken. Warum? Einerseits merken Sie sie sich schon alleine durch das Aufschreiben. Zusätzlich fassen Sie für jeden Punkt der Liste komplizierte Sachverhalte in kurze, aber prägnante Worte. Sie reduzieren also bereits durch das Aufschreiben auf das Wesentliche.

Finden Sie geeignete Schlagwörter

Ein gutes Beispiel ist eine ganz normale Einkaufsliste: Sie wissen selbst, dass mit „Schlagobers" das fettreduzierte, besonders Haltbare der Lieblingsmarke gemeint ist, und zwar genau 250 ml, wie für das Rezept benötigt. Diese Zusatzinformationen müssen Sie für sich selbst nicht notieren, für Sie „ist" Schlagobers nun einmal genau dieses konkrete Schlagobers. Genauso können Sie Wissensinhalte auf einzelne, konkrete Bezeichnungen reduzieren. Suchen Sie geeignete Schlagwörter für die einzelnen Punkte Ihrer Liste.

Prägen Sie sich die Anzahl der Elemente ein

Ein wichtiger Benefit des Listenschreibens ist die Verknüpfung mit einer bestimmten Zahl an Punkten. Schreiben Sie sich also immer Listen mit einer bestimmten Anzahl an Punkten.

- *die 3 wichtigsten Prinzipien der Kommunikation.*
- *die 10 Habsburger.*
- *die 4 Alliierten.*
- *5 Kohlenstoffverbindungen mit dieser oder jener Eigenschaft.*
- *die 13 Symptome einer Krankheit.*
- *die 5 wichtigsten Strömungen der Moderne.*

Dadurch dass Sie die Zahl der Listenelemente beachten, können Sie sie nachher leichter abrufen. Sie wissen, dass es 3 wichtige Aspekte oder eben 10 HerrscherInnen waren. Wenn Sie wirklich die gesamte Anzahl wissen müssen, machen Sie sich eine vollständige Liste mit allen Einzelpunkten. Wenn es mehr als 10 sind, unterteilen Sie sie lieber in kleinere Einheiten, so genannte Chunks:

- *männliche und weibliche HabsburgerInnen.*
- *Symptome mit „A“ am Anfang.*

Es ist ganz gleichgültig, nach welchen Kriterien Sie sie unterteilen, Hauptsache die Zahl der Listenpunkte bleibt unter 10.

Beschränken Sie sich auf die wichtigsten Aspekte
Listenschreiben kann nützlich sein, um sich auf die wichtigsten Aspekte zu beschränken. Legen Sie fest, ob Sie sich 3, 5 oder 10 Details merken wollen, und schreiben Sie die Liste nach dem Lernen aus dem Gedächtnis.

Überprüfen Sie dann, ob die von Ihnen erinnerten Punkte tatsächlich die wichtigsten sind, und korrigieren Sie sie gegebenenfalls. Für Ihr weiteres Lernen brauchen Sie sich dann nur noch die Liste merken, oder Sie arbeiten damit weiter, indem Sie sich zu jedem der Listenpunkte eine Unterliste mit Unterpunkten erstellen.

Detlev A., 37 Jahre, Teilnehmer am Kurs „Grundlagen der Automatisierungstechnik“:
Ich hatte Probleme, den Inhalt von langen und verschachtelten Sätzen erfassen zu können. Hilfreich hierbei war, den Satz in eine Aufzählung umzuwandeln.

Buchstabenspiele

Wortneuschöpfungen aus Anfangsbuchstaben

Kurze Auflistungen können Sie sich merken, indem Sie die Anfangsbuchstaben der einzelnen Elemente zu einem Fantasiewort zusammenfügen. Wenn Sie Glück haben, ergeben die Anfangsbuchstaben sogar einen tatsächlichen Begriff. Das ist aber nicht unbedingt notwendig. Kurze, prägnante Wortneuschöpfungen können ebenfalls einprägsam sein.

Griechische Mythologie

Die 9 Musen heißen: Klio, Melpomene, Terpsichore, Thalia, Euterpe, Erato, Urania, Polyhymnia und Kalliope
Anfangsbuchstaben: Klio, Me, Ter, Thal, Eu, Er, Ur, Po, Kal
Merkwort: KlioMeTerThal, EuEr UrPoKal

Merksätze aus Anfangsbuchstaben

Eine andere Möglichkeit, eine Eselsbrücke für eine kurze Liste zu bauen, ist, einen Satz zu bilden, bei dem die einzelnen Wörter mit denselben Buchstaben beginnen wie die einzelnen Elemente der Liste.

Schreiben Sie die Anfangsbuchstaben Ihrer Liste auf einen Zettel. Welche Begriffe fallen Ihnen spontan zu den einzelnen Buchstaben ein? Besonders effektiv ist es, wenn Sie nicht nur den ersten, sondern gleich die ersten 2 oder 3 Buchstaben für ein neues Wort verwenden können.

Gruppieren Sie jetzt die gefundenen Begriffe und bilden Sie erste Phrasen. Kombinieren Sie zum Beispiel Personennamen mit Eigenschaftswörtern. Verbinden Sie anschließend die Phrasen mit Zeitwörtern.

Informatik

Application, Presentation, Session, Transport, Network, Data Link und Physical sind die Schichten des ISO-OSI-Schichtmodells.
Anfangsbuchstaben: A P S T N D P
Merkspruch: Alle Prüflinge sind todmüde nach der Prüfung.

Ernährungsberatung

Die essentiellen Aminosäuren sind: Valin, Isoleucin, Phenylalanin, Leucin, Histidin, Methionin, Tryptophan, Threonin, Lysin.
Anfangsbuchstaben: V, I, P, L, H, M, T, T, L
Merkspruch: Valentinstag ist phänomenal, leider hat mein Traummann Theresa lieber.

Kettentechnik

Facts: episodisches Gedächtnis.

Das Wissensgedächtnis besteht aus 2 Systemen: Im semantischen Gedächtnis sind Daten und Fakten gespeichert, im episodischen Gedächtnis werden Erfahrungen und Erlebnisse bewahrt (Tulving, 1984). Mithilfe der Geschichtentechnik nützten Sie die Tatsache, dass Sie sich an Erlebnisse und Geschichten besonders leicht erinnern können. Auf diesem Weg hilft Ihr episodisches Gedächtnis dabei, Daten und Fakten zu behalten.

Mithilfe der Ketten- oder Geschichtentechnik können Sie die Liste, die Sie sich geschrieben haben, spielerisch im Kopf behalten.

So geht's:

- *Wählen Sie eine Liste wichtiger Punkte, die Sie kennen möchten.*
- *Fassen Sie längere Aussagen auf der Liste zu kurzen Begriffen oder eindeutigen Aussagen zusammen.*
- *Konkrete Bilder lassen sich besser in Geschichten verarbeiten als abstrakte Begriffe. Versuchen Sie darum, für jeden Punkt der Liste ein Bild zu visualisieren. Skizzieren Sie Ihre Ideen zu den einzelnen Listenabschnitten, so gehen Sie auf Nummer sicher, dass Ihre Assoziationen wirklich bildlich sind.*
- *Beginnen Sie jetzt, Ihre Geschichte zu erzählen, indem Sie die einzelnen Punkte aneinanderknüpfen. Achten Sie darauf, dass Ihre Geschichte möglichst lebendig wird: Je mehr passiert, desto leichter können Sie sich später daran erinnern. Denken Sie daran: Je merkwürdiger (komischer, absurder, seltsamer) Ihre Geschichte ist, desto würdiger ist sie, gemerkt zu werden.*
- *Wiederholen Sie Ihre Geschichte in Gedanken und lassen Sie das Geschehen vor Ihrem inneren Auge ablaufen.*
- *Schreiben Sie die Geschichte eventuell in Stichworten auf. So können Sie später auf zurückgreifen.*

Bedürfnispyramide

Die Maslow'sche Bedürfnispyramide unterteilt unsere Bedürfnisse und Motivationen in fünf Stufen:

Merkgeschichte:

Stellen Sie sich vor, sie stranden auf einer einsamen Insel. Möglicherweise sind Sie schon eine Zeit lang mit einem Floß über das Meer getrieben. Wahrscheinlich werden Sie also zunächst nach Frischwasser und Nahrung Ausschau halten: physiologische Bedürfnisse wie essen, trinken, schlafen...

Sie werden vom Regen geweckt und beginnen eine notdürftige Hütte zu errichten: Sicherheitsbedürfnis.

Sie spazieren über die Insel und stoßen auf eine kleine Gruppe Inselbewohner. Vorsichtig nähern Sie sich der Gruppe. Es ist Ihnen ganz klar, dass Ihr Überleben in der Gruppe viel eher gesichert ist als alleine: soziale Bedürfnisse wie etwa Zugehörigkeit.

Sie verbringen bereits einige Zeit in der Gruppe und versuchen sich in der Hierarchie hochzuarbeiten damit sie in eine bessere Hütte ziehen können: Individualbedürfnisse nach Anerkennung, Status und Wohlstand.

Letztendlich haben Sie sich damit abgefunden, dass die Rettungsmannschaften auf sich warten lassen und stellen sich auf eine längere Zeit auf der Insel ein. Sie entwickeln ein Hobby und gestalten Kunstwerke aus Sand: Selbstverwirklichung wie Talententfaltung oder Selbstverbesserung.

LOCI-Technik

Die LOCI-Technik lässt sich zurückverfolgen bis ins Jahr 400 vor Christus (Yates, 1966). Erste Hinweise auf diese Methode stammen vom griechischen Dichter Simonides, der entdeckte, wie wichtig die systematische Anordnung von Informationen für das Gedächtnis ist.

Räumliche Strukturen, Räume, Wege oder der eigene Körper können Sie als Merk-Gerüst für Wissensinhalte nützen, um Informationen sicher abzuspeichern.

Die LOCI-Technik Schritt für Schritt

- *Legen Sie fest, welche Informationen Sie sich mit der Raumtechnik merken möchten. Gut geeignet sind Auflistungen.*
- *Suchen Sie einen Raum, den Sie gut kennen. Sie sollten sich die einzelnen Positionen im Raum leicht vorstellen können, wenn Sie die Augen schließen.*
- *Wählen Sie markante Punkte im Raum, die Sie nützen werden, um sich die einzelnen Punkte zu merken.*
- *Reduzieren Sie die Punkte Ihrer Auflistung auf konkrete Begriffe. Wie lassen sich die einzelnen Informationseinheiten in einem Wort beschreiben? Wie würden Sie sie skizzieren?*
- *Verknüpfen Sie die Positionen im Raum mit den einzelnen Elementen der Liste. Stellen Sie sie sich dazu möglichst bildlich vor.*

Menschenrechte

Die UN-Kinderrechtskonvention wurde 1989 beschlossen. Jedes Kind verfügt über grundlegende politische, soziale, ökonomische, kulturelle und bürgerliche Rechte. UNICEF Deutschland hat die umfassende Konvention in 10 grundlegende Rechte zusammengefasst (UNICEF Deutschland, 2009):

1. *Gleichheit (Schutz vor Diskriminierung)*
2. *Gesundheit (Recht auf Leben und medizinische Behandlung)*
3. *Bildung*
4. *Spiel und Freizeit*
5. *Freie Meinungsäußerung und Beteiligung*

6. Gewaltfreie Erziehung

7. Schutz im Krieg und auf der Flucht

8. Schutz vor wirtschaftlicher und sexueller Ausbeutung

9. Elterliche Fürsorge

10. Besondere Fürsorge und Förderung bei Behinderung

Hier sehen Sie das Foto eines typischen Kinderzimmers, passend zum Thema „Kinderrechte". Prägen Sie sich jetzt die einzelnen Rechte ein, indem Sie sie sich an verschiedenen Punkten im Raum vorstellen.

Nr.	Position	Recht	Verknüpfung
1	unter dem Bett	Gleichheit	Unter dem Bett liegen Puppen verschiedenster Hautfarbe und Herkunft, mit allen wird gleich gerne gespielt.
2	unteres Bett	Gesundheit	Im unteren Bett liegt ein krankes Kind.
3	oberes Bett	Bildung	Im oberen Bett stapeln sich die Bücher.
4	Nachttischlampe	Spiel und Freizeit	Die Nachttischlampe wird eingeschaltet, um ein Spiel zu spielen.
5	Radio	freie Meinungsäußerung und Beteiligung	Das Radio sagt seine Meinung.
6	Kasten	gewaltfreie Erziehung	Der Kasten wird zerschlagen.
7	Ballon	Schutz im Krieg und auf der Flucht	Kinder fliehen mit dem Ballon vor dem Krieg.
8	Fenster	Schutz vor wirtschaftlicher und sexueller Ausbeutung	Sie gucken aus dem Fenster und sehen Kinder, die arbeiten müssen.
9	Tisch	elterliche Fürsorge	Die Eltern stehen auf dem kleinen Tisch.
10	Sessel	besondere Fürsorge und Förderung bei Behinderung	Ein behindertes Kind sitzt auf dem Sessel.

Zahlreiche Studien belegen die Wirksamkeit dieser Methode (Roediger, 1980). Vor allem, wenn es darum geht, Informationen in einer bestimmten Reihenfolge wiederzugeben, erweist sich die LOCI-Technik als sehr effektiv. Probieren Sie sie also auf jeden Fall aus.

Sie können die Technik in verschiedenen Szenarien einsetzen.

Für Präsentationen

Cicero hat die LOCI-Technik verwendet, um sich seine langen Reden zu merken. Entsprechend können auch Sie die Methode einsetzen, wenn Sie Präsentationen oder Vorträge vorbereiten. (siehe Kapitel „Präsentationen“ ab Seite 223). Nützen Sie in diesem Fall als Merkhilfe den Raum, in dem Sie die Rede halten werden. So sichern Sie, dass Sie während des Vortrags den Blick durch den Raum und damit durchs Publikum wandern lassen.

Für Prüfungen

Geben Sie dem Lernstoff Struktur, indem Sie einzelnen Wissensinhalten Positionen in einem Raum zuordnen. Alternativ können Sie Wege oder Ihren eigenen Körper als Gedächtnisstütze nützen.

Sobald Sie sich die Auflistung gemerkt haben, können Sie sich zusätzliche Informationen zu den einzelnen Punkten merken. Assoziieren Sie sie dazu wieder mit den entsprechenden Positionen im Raum. Auf diese Art und Weise können umfangreiche „Wissensräume" entstehen und Sie können während Ihrer Prüfung in Gedanken entspannt durch Ihren „Gedächtnispalast" spazieren und sich problemlos an die einzelnen Daten erinnern.

Zahlenbilder

Überlegen Sie Symbole zu den Zahlen.

Manche Listen sind nummeriert. Wenn Sie sich die einzelnen Listenpositionen zu den Elementen merken möchten, verknüpfen Sie diese mit Zahlenbildern. Dazu überlegen Sie sich zunächst, welche Symbole Sie mit den einzelnen Ziffern in Verbindung bringen. Nehmen Sie sich Zeit dafür – wenn Sie einmal eine Zahlenbildliste für sich erstellt haben, bleibt sie Ihnen ein Leben lang!

Eine nummerierte Liste merken Sie sich, indem Sie die einzelnen Punkte mit Ihren Ziffernsymbolen verknüpfen.

Weltwissen

Liste der größten Länder (Fläche)

1. *Russland*
2. *Kanada*
3. *USA*
4. *China*
5. *Brasilien*
6. *Australien*
7. *Indien*
8. *Argentinien*
9. *Kasachstan*
10. *Sudan*

Zahl	Assoziation zur Zahl	Land	Verknüpfung
1	Kerze (ähnliche Form)	Russland	Russischer Vodka brennt.
2	Schwan (ähnliche Form)	Kanada	Der Schwan zittert in Kanada.
3	3	USA	USA – 3 Buchstaben
4	Sessel (ähnliche Form)	China	Auf der chinesischen Mauer steht eine Reihe Sessel.
5	Hand (5 Finger)	Brasilien	Ein Fußballer aus Brasilien spielt nie mit der Hand.
6	Würfel (sechs Flächen)	Australien	Für die Backpack-Tour durch Australien ist nur Platz für ein Würfelspiel im Rucksack.
7	Fahne (ähnliche Form)	Indien	Die indische Flagge besteht aus einem safranfarbenen, einem weißen und einem grünen Streifen. In der Mitte befindet sich ein Chakra.
8	Schneemann (ähnliche Form)	Argentinien	In Argentinien schmilzt der Schneemann arg schnell.
9	Luftballon (ähnliche Form)	Kasachstan	Der Luftballon fliegt in Kasachstan in die Luft, direkt an der Grenze zwischen Asien und Europa.
10	10-€-Schein	Sudan	Würden Sie um mehr als 10 € in den Süden (Sudan) reisen?

Wiederholungsstrategien

Richtig wiederholen

Richtiges Wiederholen ist ein aktiver Prozess. Je häufiger Sie Fachausdrücke verwenden oder wichtige Informationen hören, desto besser prägen Sie sie sich ein. Vokabeln und Namen, die Sie nie oder nur selten gebrauchen, sind leicht vergessen. Durch Wiederholung wird das Wissen, das Sie sich angeeignet haben, gesichert.

Facts: Hebb'sche Lernregel.
Wie wissen die Nervenzellen im Wissensnetz Ihres Gedächtnisses, mit welchen anderen Nervenzellen sie Verbindungen, so genannte Synapsen, eingehen sollen oder nicht? Aus Beobachtungen synaptischer Veränderungen im Gehirn schlussfolgerte Donald O. Hebb die nach ihm benannte Lernregel: „What fires together, wires together" (Hebb, 1949). Nervenzellen, die gleichzeitig aktiv sind, verstärken ihre Synapsen. So ist es uns möglich, verschiedene Informationen miteinander zu assoziieren und in Verbindung zu bringen. Je häufiger verschiedene Nervenzellen gleichzeitig feuern, desto besser vernetzen sie sich: Lerninhalte werden gefestigt.

Durch Wiederholung automatisieren Sie die Wiedergabe: Informationen werden in „Chunks", größere Einheiten oder Gruppen, zusammengefasst. Diese „Chunks" können mit der Zeit immer schneller wiedergegeben werden. So garantieren Sie, dass Sie Informationen zu einem bestimmten Zeitpunkt systematisch und erfolgreich wiedergeben können.

Es erfordert viel Zeit und Disziplin, Begriffe immer wieder untereinanderzuschreiben oder Wortlisten wiederholt aufzusagen. Das wird daher schnell langweilig. Diese Art der Wiederholung ist nicht effektiv.

Prof. Sanford, Psychologie-Professor: Kann jemand, der denselben Text mehrere tausend Mal gelesen hat, diesen letztendlich auswendig? 25 Jahre lang las Prof. Sanford Morgen für Morgen dasselbe Gebet (Morning Prayer provided by the Episcopal Church) laut vor. Nach einigen Angaben hat er den Text mehr als 5000-mal laut vorgelesen. Trotz diesen zahlreichen Wiederholungen musste er feststellen, nicht in der Lage zu sein, es auswendig aufzusagen. (Sanford, 1982) Reine Wiederholung alleine reicht noch nicht aus, um Inhalte langfristig im Gedächtnis abzuspeichern.

Häufiger Input von Information allein führt nicht dazu, dass alles abgespeichert wird. Was zählt, ist der Versuch, die Information wiederzugeben. Richtiges Wiederholen hat mit Output zu tun. Wählen Sie darum Wiederholungsstrategien, die Sie dazu motivieren, abzurufen, was Sie bereits gelernt haben.

Facts: Dreispeichermodell.
Das Dreispeichermodell erklärt die zeitliche Struktur unseres Gedächtnisses. Es unterscheidet zwischen sensorischem Speicher, Kurzzeitgedächtnis und Langzeitgedächtnis.

Der sensorische Speicher, früher Ultrakurzzeitgedächtnis genannt, ist ein direktes Abbild unserer Wahrnehmungen. So können Sie, wenn Sie die Augen schließen, einen Moment lang die letzte Szene vor Augen sehen oder die Farbe eines Autos nennen, selbst wenn dieses bereits an Ihnen vorbeigefahren ist.

Laut der Theorie des Dreispeichermodells werden diejenigen Wahrnehmungen, die Sie bewusst verarbeiten, auf die also Ihre Aufmerksamkeit gerichtet ist, in den nächsten Speicher, das Kurzzeit- oder auch Arbeitsgedächtnis übergeführt. Sie verwenden Ihr Arbeitsgedächtnis, wenn Sie eine Telefonnummer im Internet nachschlagen und sie einen Moment später aus dem Gedächtnis in Ihr Handy eintippen.

Das Langzeitgedächtnis ist die letzte Stufe dieses Gedächtnismodells. Hier sind Informationen langfristig gespeichert. Durch Verknüpfungen mit bekannten Wissensinhalten werden neue Daten und Fakten in das Wissensnetz des Langzeitgedächtnisses eingebettet.

Wenn Sie einen Absatz eines Buches lesen, anschließend die Augen schließen und versuchen, den gelesenen Text wortwörtlich wiederzugeben, ist nur das Kurzzeitgedächtnis gefordert. Die Information hat das Langzeitgedächtnis möglicherweise nie erreicht. So kann es passieren, dass Sie, während Sie zuhause wiederholen, das Gefühl haben, alles zu wissen. Die Informationen, die Sie in Gedanken wiederholen, befinden sich aber nur in Ihrem Kurzzeitgedächtnis. Bei der Prüfung 2 Tage später können Sie sie daher nicht reproduzieren. Nachhaltig gelernt wird nur, wenn die Informationen mit anderen Gedächtnisinhalten verknüpft werden und so ins Langzeitgedächtnis eingebettet werden.

Variation des Schwierigkeitsgrades

Sie erinnern sich besonders gut an Wissen, das Sie selber generiert haben. Prüfungsfragen bleiben aus diesem Grund oft jahrelang hängen. Dieser Effekt ist umso stärker, je schwieriger es ist, die Informationen zu reproduzieren. (Bjork & Bjork, 2006)

Sie können den Schwierigkeitsgrad variieren, indem Sie sich ständig neue Aufgaben stellen: Wissen aufsagen, singen, aufschreiben, aufzeichnen ...

Einfache Fragen können Sie zwar schnell beantworten, sie stellen aber nur einen kleinen Anreiz an Ihre grauen Zellen und haben darum geringeren Wiederholungswert. Fordern Sie sich beim Wiederholen immer wieder selber heraus. Am besten sind Aufgaben, denen Sie gerade noch gewachsen sind.

Zeitliche Verteilung

Wie leicht oder schwer Sie sich an gelernte Informationen erinnern, hängt unter anderem von den zeitlichen Abständen zwischen den Wiederholungen ab. Damit es auch nach mehreren Durchgängen immer schwieriger – und damit effektiver – wird, die Wissensinhalte abzurufen, verlängern Sie ganz einfach die Pausen. Als Faustregel können Sie die Abstände verdoppeln, so ergibt sich eine logarithmische Wiederholungssequenz: das bedeutet, Sie wiederholen das Kapitel zuerst am nächsten Tag. Warten sie anschließend 2 Tage, bevor Sie erneut versuchen, so viele Informationen wie möglich in Erinnerung zu rufen. Die nächste Pause dauert 4 Tage, dann schon eine Woche (siehe Abbildung).

Je nachdem, wie kompliziert und umfangreich Ihr Lernstoff ist, werden Sie längere oder kürzere Wiederholungspausen benötigen, abhängig von Person, Inhalt und Ziel der Wiederholung.

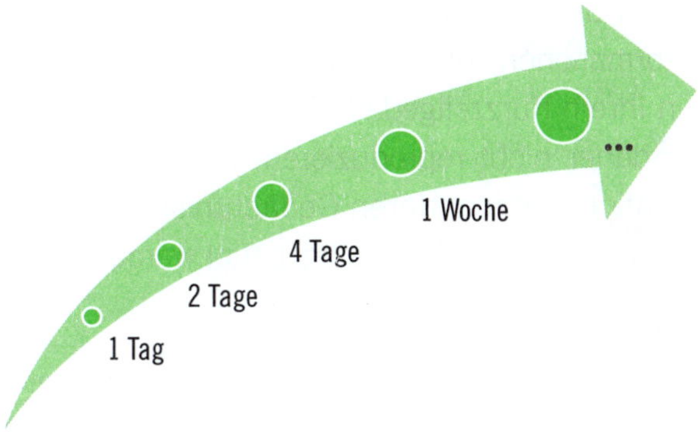

Wiederholungstechniken

Brainstorming

Schreiben Sie den Titel des Themas in die Mitte eines Blatt Papiers. Halten Sie nun fest, was Sie bereits wissen, und schreiben Sie alle Informationen auf, die Ihnen in den Kopf kommen. Verändern Sie beim Wiederholen Ihre räumliche Perspektive: Nehmen Sie nach einer kurzen Pause Ihr Brainstorming-Papier nochmals zur Hand und hängen es vor sich auf der Wand auf. Betrachten Sie Ihr Ergebnis aus der Distanz – fallen Ihnen so noch weitere Informationen ein?

Fragen formulieren

Die direkteste Möglichkeit, aktiv zu wiederholen, ist die Selbstprüfung. Formulieren Sie bereits in der Lernphase Fragen, die Sie während der Wiederholung selber beantworten. Wenn Sie im Lernteam arbeiten, können Sie sich gegenseitig abfragen. Bereiten Sie sich auf eine schriftliche oder eine mündliche Prüfung vor? Abhängig davon ist es sinnvoll, die Antworten niederzuschreiben oder laut vorzusagen.

Systematisches Wiedergeben

Lassen sich Ihre Lerninhalte leicht in verschiedene Einheiten oder Kategorien einteilen? Überlegen Sie sich dann ein paar typische Fragen nach den einzelnen Kategorien, die Sie später zu allen Einheiten beantworten.

Legen Sie sich die einzelnen Punkte schon vorher zurecht und schreiben Sie sie eventuell auf. Sie sind Ihr Leitfaden, während Sie sich Ihr gelerntes Wissen in Erinnerung rufen.

Wiederholen und Lesen

Sekundenblick

Wie Sie bereits wissen, reicht es nicht aus, ein Kapitel immer und immer wieder zu lesen, um seine Inhalte zu lernen. Entwickeln Sie darum Strategien, vorausdenkend zu lesen: Werfen Sie dazu immer nur einen kurzen Blick auf den entsprechenden Absatz. Überlegen Sie sich zuerst, was Sie in einem Absatz an Informationen erwarten, und lesen danach zur Überprüfung weiter. Schließen Sie anschließend die Augen, während Sie versuchen, sich zu erinnern.

Dartwurf

Anstatt von vorne nach hinten den ganzen Text durchzuarbeiten, können Sie nach der Methode „Dartwurf" arbeiten. Schlagen Sie dazu das Buch mit geschlossenen Augen an einer willkürlichen Stelle auf. Werfen Sie wieder einen Sekundenblick auf die Seite und versuchen Sie sich danach an so viele Wissensinhalte wie möglich zu erinnern. Lesen Sie anschließend die entsprechenden Absätze und kontrollieren Sie Ihr Ergebnis.

Facts: Primär- und Rezenz-Effekt.
Aus einer Reihe von Ereignissen merken Sie sich die Ersten und die Letzten am besten. Genauso ergeht es Ihnen, wenn Sie eine Liste auswendig lernen: die ersten und die letzten Begriffe behalten wir am besten. Dieses Phänomen ist als „Primär- und Rezenz-Effekt" bekannt (Jahnke, 1965). Besonders wichtige Begriffe sollten Sie also am Anfang und am Ende von Wiederholungssequenzen platzieren.

Karteikarten

Karteikarten zählen zu den Klassikern unter den Lernhilfen. Sie haben den Vorteil, dass Sie die Reihenfolge beliebig ändern können. Karten, die Sie gut beherrschen, müssen Sie weniger häufig wiederholen als die wirklich harten Fälle. Schreiben Sie ein Stichwort oder eine Frage auf die eine Seite der Karte und die Antwort oder einen Lerninhalt auf die Rückseite. Auch Skizzen oder Symbole sind erlaubt. Verwenden Sie die Karteikarten wirklich als Output-Generator" und überlegen sich die Antworten, bevor Sie die Karten umdrehen. Das ist viel wirkungsvoller, als die Karten nur zu lesen.

Wiederholen mit Bewegung

Tanz

Möchten Sie einen Text möglichst wortgenau im Kopf behalten? Nehmen Sie den Text auf und hören Sie in sich an. Verbinden Sie den Text mit Bewegungen: gehen Sie im Zimmer auf und ab, machen Sie Turnbewegungen oder improvisieren Sie einen Tanz. Wiederholen Sie dieselben Bewegungen jedes Mal, wenn Sie den Text hören. So werden die Wörter mit den Bewegungen gekoppelt. Die Erinnerung an den Bewegungsablauf wird Ihnen helfen, sich an den genauen Text zu erinnern.

Spaziergang

Schreiben Sie wichtige Vokabeln oder Fachausdrücke, die Sie noch nicht wiedergeben können, auf die Rückseite kleiner Notizzettel und verteilen Sie sie in Wohnung oder Garten. Gehen Sie die einzelnen Stationen der Reihe nach ab und versuchen Sie sich an die Wörter zu erinnern. Drehen Sie anschließend zur Kontrolle die Zettel um.

ERINNERN

„Zuhause habe ich noch alles gewusst …“ Kennen Sie das Gefühl, sich gut vorbereitet zu haben und die Prüfung doch nicht zu bewältigen? Lernen hört nicht dabei auf, dass Sie Informationen aufnehmen, Sie möchten sich an Ihr neues Wissen auch erfolgreich erinnern.

Darum beschäftigt sich dieses Kapitel mit dem Erinnern sowie mit dem Vergessen und bietet einige Hilfestellungen, wie Sie Wissen aus den Tiefen Ihres Gedächtnisses hervorholen.

Ihr Fortbildungserfolg wird an Prüfungsnoten gemessen. Während Prüfungen müssen Sie in kurzer Zeit beweisen, wie viel Sie in langer Vorbereitungszeit geleistet haben. Dabei helfen Strategien für die verschiedensten Prüfungssituationen.

Fallbeispiele und Übungen erfordern Problemlösungsfähigkeiten. Sie werden im Laufe Ihrer Weiterbildung vor einige schwierige Aufgaben gestellt werden. Probleme sind da, um gelöst zu werden. Finden Sie heraus, welche Lösungswege zur Verfügung stehen.

Am Ende dieses Kapitels steht der Abschnitt „Expertentum“. Was bedeutet es, auf seinem Gebiet Expertise erworben zu haben, und wie erreichen Sie dieses Ziel?

Vergessen und Erinnern

Als ich jünger war, konnte ich mich an alles erinnern,
egal, ob es wirklich passiert war oder nicht.
Mark Twain

Vergessen

Wenn Sie während einer Prüfung die Antwort auf eine Frage nicht wissen, kann das verschiedene Ursachen haben:

- *Sie haben die Antwort nie gewusst.*
- *Sie haben die Antwort wo gelesen, aber nie abgespeichert.*
- *Sie haben die Antwort abgespeichert, aber sie fällt Ihnen im Moment nicht ein.*

Haben Sie die Antwort in jedem der 3 Fälle „vergessen“? Vester unterscheidet 2 Arten des Vergessens: „Vergessen durch Nicht-Speichern“ sowie Vergessen durch „Nicht-Wiederfinden“ (Vester, 1975).

Beim Erinnern, oder eben Vergessen, werden 2 verschiedene Komponenten unterschieden: die Verfügbarkeit von Wissen und deren Zugänglichkeit.

- ***Verfügbarkeit:*** *Je besser eine Information in Ihrem Gedächtnis verankert ist, desto leichter können Sie sich später an sie erinnern.*
- ***Zugänglichkeit:*** *Es kann passieren, dass eine Information, die Sie gelernt haben, zwar gut abgespeichert (verfügbar) ist, aber Sie momentan den Zugang nicht finden. So kann etwa neues Wissen den Zugang zu älteren Informationen verlegen. So passiert es zum Beispiel, dass Personen, die längere Zeit im Ausland verbringen, sogar einzelne Begriffe der eigenen Muttersprache kurzzeitig „vergessen“ können.*

Facts: Vergessen.
Denken Sie zurück an Ihre Schulzeit und all das Wissen, das Sie sich damals angeeignet haben. Woran können Sie sich noch erinnern? Was ist bereits vergessen?

Der amerikanische Psychologe Harry Bahrick analysierte in einem berühmten Experiment aus 1984, wie schnell Fremdsprachenkenntnisse vergessen werden (Bahrick, 1984). Er testete beinahe 600 Amerikaner, die während ihrer Schulzeit Spanisch gelernt hatten. Der Spanisch-Unterricht lag bis zu 50 Jahre zurück. Verglichen wurde das ursprüngliche Sprachlevel mit dem aktuellen Wissensstand. Die Ergebnisse zeigten, dass das größte Vergessen in den ersten 3 bis 6 Jahren eintrat. Danach blieben die Sprachkenntnis für etwa 30 Jahre auf demselben Level. Es scheint, als ob ein kleiner Teil des erworbenen Wissens in einer Art „Perma-Speicher" erhalten wird.

Möglicherweise haben Sie das Gefühl, dass sehr viel, was Sie sich in der Schulzeit erarbeitet haben, bereits verloren ist. Aber ist das wirklich so? Ist es Ihnen schon passiert, dass Sie sich in einer bestimmten Situation an etwas erinnert haben, das Sie eigentlich schon vergessen zu haben glaubten? Wie John Anderson es beschreibt, sind „Dinge, die uns in einem Kontext wie vergessen erscheinen, in einem anderen Kontext wieder verfügbar". (Anderson, 2001)

Erinnern

Erinnerungen halten uns zusammen.
Gabriele Rico

Ihr Gedächtnis ist voller Erinnerungen, Gedanken, Erlebnisse, Wissensinhalte. Wie wird gesteuert, woran Sie sich in einem bestimmten Moment erinnern? Selbst Erinnerungen, die scheinbar spontan auftauchen, haben oft einen konkreten Auslöser.

Thomas R., 29 Jahre:
Mein Kopf ist voller Erinnerungen. Unlängst etwa, habe ich spontan an eine Szene aus meiner Schulzeit denken müssen: An den Abschlussabend unseres Skikurses. Ich wusste gar nicht, dass ich mich daran noch erinnern kann. Nachher ist mir aufgefallen, dass gerade ein bestimmtes Lied im Radio gespielt wurde. Dieses Lied hat mich offensichtlich an den Abend erinnert.

Um sich erinnern zu können, benötigen Sie also einen Trigger, einen Auslöser. Jeder Reiz, egal über welchen Sinneskanal, aktiviert zahlreiche Nervenverbindungen. Sie erinnern sich dadurch an Eindrücke, die Sie mit diesem bestimmten Reiz in Verbindung bringen. Die stärksten Assoziationen setzen sich durch und bilden Ihre nächsten Gedanken.

Während einer Prüfung wird die richtige Antwort durch die Begriffe in der Frage getriggert.

Wenn Sie etwa einen bestimmten Namen hören, denken Sie an die entsprechende Person und deren Aussage und können so die Frage beantworten.

Indem Sie schon während der Prüfungsvorbereitung darüber nachdenken, welche Fragen möglicherweise gestellt werden, schaffen Sie geeignete Verknüpfungen, um in der entscheidenden Situation die Antwort zu finden.

Wissen alleine reicht also nicht aus, um eine Prüfung zu bestehen. Sie benötigen noch die richtigen Assoziationen, um sich zu erinnern. In den folgenden Abschnitten erfahren Sie ein paar Strategien, wie Sie Erinnerungen hervorrufen können.

Assoziationen als Erinnerungshelfer

Als „prospektives Gedächtnis“ bezeichnen wir Erinnerungen an Tätigkeiten oder Aussagen, die in der Zukunft liegen. So möchten Sie sich zum Beispiel manchmal daran erinnern, Ihrer Kollegin ein Buch zurückzugeben, wenn Sie sie sehen, oder daran, dass Sie während Ihrer Präsentation auf Ihre Website hinweisen. Dieses „prospektive Gedächtnis“ ist ein gutes Beispiel dafür, dass Erinnerungen an einen Auslöser gekoppelt sind. Immerhin „vergessen“ Sie ja nicht, dass das Buch Ihrer Kollegin gehört – Sie möchten im richtigen Moment daran denken.

Hinweisreize finden

„Das darf ich nicht vergessen“, „Daran muss ich unbedingt denken“ ... Wann immer Ihnen solche Gedanken durch den Kopf gehen, stellen Sie sich zunächst die folgende Frage: In welcher Situation möchten Sie sich erinnern? Suchen Sie einen möglichst konkreten Zeitpunkt.

Marianne O., 31 Jahre:
Ich hatte mir von einer Freundin ein Buch ausgeborgt und wollte es ihr schon lange zurückgeben. Während ich bei ihr zu Besuch war, hab ich sogar zwischendurch ein paarmal an das Buch gedacht. „Bevor ich gehe, geb ich ihr das Buch zurück.“. Ich hätte in diesem Moment einfach aufstehen müssen und das Buch aus meiner Tasche kramen sollen. Denn als ich schließlich zuhause ankam, war es natürlich immer noch in meiner Tasche.

Der Zeitpunkt „irgendwann, wenn ich Zeit habe“ ist nicht konkret genug. Besser ist es, zu sagen: „Das erledige ich am Wochenende.“ Noch besser wäre: „Diese Aufgabe erledige ich am Sonntag nach dem Mittagessen.“

Genauso ist es mit Ihrer Erinnerung. Statt „Daran muss ich denken“, können Sie sich besser überlegen: „Daran werde ich mich morgen in der Früh erinnern.“ Auch hier gilt: je konkreter, desto besser. Optimal wäre: „Daran denke ich morgen, wenn ich mir die Zähne putze“ oder „... wenn der Wecker läutet“.

Hinweisreize markieren

Gehen Sie auf Nummer sicher, dass Ihr Hinweisreiz nicht ungesehen an Ihnen vorüber geht. Am besten eignen sich Hinweisreize, die Ihnen auf jeden Fall auffallen. Darum haben wir uns früher einen „Knoten ins Taschentuch" gemacht. Das Taschentuch war nichts anderes als ein Hinweisreiz und der Knoten versicherte, dass der Reiz wirklich wahrgenommen wurde. Verwenden Sie in Ihrem Alltag sichere Hinweisreize:

- *Reservieren Sie einen bestimmten Platz direkt bei der Eingangstür für wichtige Dinge, die Sie mitnehmen möchten, wenn Sie das Haus verlassen.*
- *Setzen Sie auf einzelne Folien in Ihrer Powerpoint-Präsentation Hinweisreize, die Sie an wichtige Textstellen erinnern.*
- *Verwenden Sie ein Maskottchen oder einen bestimmten Stift als Hinweisreiz während einer Klausur.*

Hinweisreize assoziieren

Verknüpfen Sie Ihren Hinweisreiz mit der Information, an die Sie sich erinnern wollen, damit Sie sich in der entscheidenden Situation erinnern, worauf er verweist.

Verwenden Sie logische, sprachliche oder visuelle Assoziationen.

Johannes, K. 27 Jahre Pfleger:

Ich hatte erfahren, dass die Prüferin großen Wert darauf legte, dass es „das Virus" heißt und nicht „der Virus". Ich hatte damit größte Schwierigkeiten, da ich gewohnt bin, „der Virus" zu sagen. Für meine schriftliche Prüfung habe ich mir vorgenommen, alle Antworten abschließend nochmal zu kontrollieren und die Artikel gegebenenfalls auszubessern. Um sicher zu gehen, dass ich nicht darauf vergesse, habe ich vor der Prüfung eine Münze „als Glücksbringer" auf den Tisch gelegt. Während der Prüfung hat mich DAS Geld daran erinnert, DAS Virus zu schreiben.

Lernkontext als Erinnerungshelfer

Sie haben vorhin erfahren, dass jeder Reiz Erinnerungen triggern kann. Ein Geruch, ein Geschmack, eine Melodie, ein Bild und insbesondere ein Gefühl kann Auslöser für eine Erinnerung sein. Wenn Sie lernen, speichern Sie mehr ab als reine Daten und Fakten. Die Umgebung wird immer mit abgespeichert.

Facts: Lernkontext.
2 Forscher an der schottischen Universität Stirling untersuchten, welchen Effekt die Arbeitsumgebung auf den Lernerfolg hat. Um zu beurteilen, inwieweit eine Änderung des Kontext den Abruf beeinflusst, ließen sie ihre Versuchspersonen Begriffe auswendig lernen. Jede Versuchsperson lernte 2 Wortlisten an Land sowie 2 weitere Listen, mit Taucherausrüstung ausgestattet, in der Tiefe schottischer Seen. Geprüft wurden die Versuchspersonen nach jedem Lernvorgang entweder im gleichen oder im anderen Kontext.

Hier das Ergebnis:

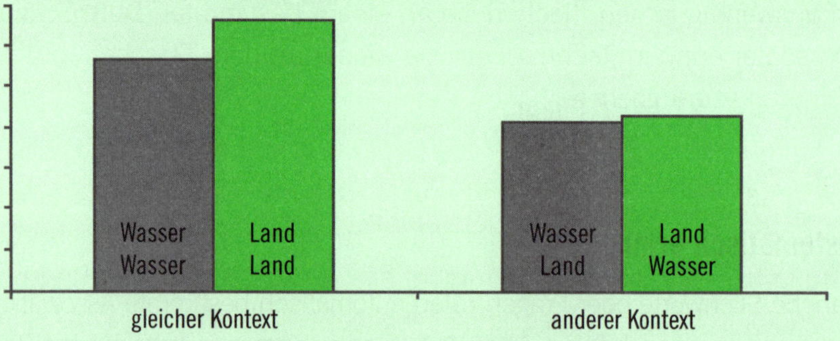

Versuchspersonen konnten sich offensichtlich besser an Begriffsreihen erinnern, wenn sie sie im selben Kontext wiedergeben durften.

Setzen Sie darum die Lernumgebung gezielt als Hinweisreiz ein. Versuchen Sie sich während einer Prüfung an die Lernsituation zu erinnern. Wo haben Sie das jeweilige Thema gehört und bearbeitet? Welche Eindrücke haben Sie dabei wahrgenommen? Wie hat es gerochen, was haben Sie gespürt und welche Geräuschkulisse war vorhanden?

Lernumgebung variieren

Wählen Sie unterschiedliche Lernorte oder andere zusätzliche Assoziationen, um sich auf Ihre Prüfungen vorzubereiten. Lernen Sie die einzelnen Themen an eigens ausgewählten Plätzen. Gehen Sie konsequent immer an dieselbe Stelle, um sich mit dem jeweiligen Kapitel auseinanderzusetzen. So schaffen Sie eine Assoziation zwischen den Inhalten und der Lernumgebung. Während der Prüfung können Sie nun an die einzelnen Orte denken, um sich zu erinnern. Setzen Sie die LOCI-Technik (siehe Seite 145) ein, um diesen Effekt noch zu verstärken.

Katharina T., Jugendgedächtnismeisterin:

Bei den Gedächtnisweltmeisterschaften gibt es sogar Teilnehmer, die für bestimmte Bewerbe ätherische Öle einsetzen: Während sie etwa Spielkarten auswendig lernen, riechen sie an einem bestimmten Duft. Sollen sie sich später erinnern, schnuppern sie wieder an dem Fläschchen um die Erinnerung zu triggern.

Systematisch erinnern

Manche Stichworte oder Fragen rufen automatisch bestimmte Assoziationen und Erinnerungen hervor. Aber was, wenn Ihnen ein bestimmter Begriff oder eine konkrete Information nicht einfallen will? In diesem Abschnitt wird kurz eine Strategie vorgestellt, mit der Sie Ihr Gedächtnis systematisch durchforsten können.

- ***Abc:*** *Schreiben Sie das Alphabet auf ein Blatt Papier. Denken Sie nun der Reihe nach an jeden einzelnen Buchstaben. Streichen Sie alle Buchstaben weg, die nicht als Anfangsbuchstaben in Frage kommen. Alternativ können Sie das Abc in Gedanken durchgehen und auf das Aufschreiben verzichten.*

- ***Wortklang:*** *Wie klingt der gesuchte Begriff? Ist es ein langes oder ein kurzes Wort? Wird es eher hart oder weich ausgesprochen? Aus welchem Sprachraum kommt der Begriff?*
- ***Schreibweise:*** *Versuchen Sie sich das Schriftbild in Erinnerung zu rufen. Denken Sie an einen Text, in dem das Wort vorkommt. Vielleicht können Sie vor Ihrem inneren Auge den einen oder anderen Buchstaben erkennen?*
- ***Denkpause:*** *Last, but not least hilft häufig eine kurze Denkpause. Haben Sie nach dieser systematischen Suche den Begriff noch nicht in Ihrem Gedächtnis gefunden, denken Sie bewusst an etwas anderes. Widmen Sie sich einer anderen Prüfungsfrage oder machen Sie eine kurze Entspannungsübung.*

Prüfungen bestehen

In Prüfungssituationen kommt es nicht nur darauf an, was und wie viel Sie wissen, sondern vor allem darauf, wie Sie dieses Wissen vermitteln und präsentieren können. Hier erfahren Sie, wie Sie sich mental auf wichtige Prüfungen vorbereiten und wie Sie schriftliche und mündliche Prüfungen optimal meistern.

Überlassen Sie nichts dem Zufall

Holen Sie vorab so viele Informationen wie möglich über die Prüfungssituation ein.

Situation

Informieren Sie sich über das „Wo“, „Wann“ und „Wie lange“ Ihrer Prüfung. Wie erreichen Sie den Prüfungsort und wissen Sie, wie Sie konkret hinfinden?

PrüferIn

Nicht nur mündliche Prüfungen werden stark von der Person beeinflusst, die sie abhält. Was ist über den Prüfer, die Prüferin bekannt? Informieren sie sich bei KollegInnen, die die Prüfung bereits vor Ihnen abgelegt haben. Hören Sie, wenn möglich, bei Prüfungen zu, um herauszufinden, wie er oder sie agiert. Achten Sie vor allem darauf, was Sie verunsichern könnte, damit Sie später dafür schon gewappnet sind.

Versetzen Sie sich in die Rolle des Prüfers und antizipieren Sie mögliche Fragen und Prioritäten.

Fragen des Prüfers, der Prüferin

Finden Sie heraus, auf welchen Frage-Typen der Schwerpunkt liegt, und gleichen Sie Ihre Vorbereitung daran an.

Konkrete Fragen nach dem „Wer“, „Was“, „Wo“ und „Wann“ lassen sich mit genauen Daten und Fakten beantworten. Antworten sind entweder richtig oder falsch.

Fragen, die mit „wieso“, „wie“ und „warum“ beginnen, haben größeren Interpretationsspielraum und erfordern neben Daten- und Faktenwissen auch ein Verständnis für Zusammenhänge. Die Beurteilung ist entsprechend schwieriger – PrüferInnen haben einen größeren Spielraum, um Antworten zu benoten.

Erfolg vorprogrammieren

Sobald Sie wissen, was Sie in der Prüfungssituation erwartet, spielen Sie die Szene vor Ihrem inneren Auge ab. Wie wird die Prüfung verlaufen? Denken Sie an so viele Details wie möglich. Stellen Sie sich vor, wie während Ihrer Prüfung alles richtig gut klappt. Sie sind selbstsicher und können alle Fragen souverän meistern.

Mentale Vorbereitung

Leiden Sie unter Prüfungsangst? Da wären Sie nicht alleine. Der beste Schauspieler ist vor einem großen Auftritt aufgeregt und das Herz der souveränsten Sängerin schlägt vor dem Einsatz schneller. Übermäßige Aufregung kann das Prüfungsergebnis unnötig schlecht ausfallen lassen, da sich Stresshormone negativ auf Ihr Gedächtnis auswirken.

Im Folgenden ein paar bewährte Methoden, wie Sie kurz vor der Prüfung Ihre Kräfte bündeln können:

Kraft-Rituale

Alexandra K. gönnt sich am Tag der Prüfung ein ausgiebiges Frühstück, während Stefan P. am liebsten kurz vor der Prüfung Schokolade isst. Tamara M. geht vor jeder Prüfung laufen, Simon S. zieht sich lieber mit einem guten Album und seinen Kopfhörern zurück … Was tut Ihnen gut? Überlegen Sie sich eine Tätigkeit, die Ihnen Energie gibt, und machen Sie aus ihr Ihr Kraft-Ritual vor jeder Prüfung.

Atem-Rituale

Frische Luft aktiviert unsere kleinen grauen Zellen. Achten Sie darauf, dass Sie kurz vor der Prüfung irgendwo in Ruhe Atemübungen machen können. Atmen Sie durch die Nase tief ein und dann durch den Mund wieder aus. Atmen Sie bewusst langsam und konzentrieren Sie sich auf die Hebung Ihrer Bauchdecke bei jedem Atemzug. Sie können diese Atmung mit motivierenden Gedanken kombinieren.

Denken Sie beim Einatmen zum Beispiel die Worte „ich gebe", beim Ausatmen „mein Bestes".

Gedanken-Kontrolle

Denken Sie nicht an einen rosa Pinguin!

Es ist sehr schwierig, bestimmte Gedanken zu unterdrücken (Wegner, 1989). Sie können nicht *nicht* an etwas denken. Die einzige Strategie, die funktioniert, ist, stattdessen an etwas anderes zu denken.

Wenn Sie sich dabei ertappen, negative Gedanken zu denken wie „Was wäre, wenn …" oder „Hätte ich nicht …", verschreiben Sie sich selber einen Gedankenstopp. Richten Sie Ihren Blick auf einen anderen Punkt und setzen so ein bewusstes Stoppzeichen. Denken Sie jetzt an etwas Positives wie Ihren letzten Urlaub, eine schöne Begegnung oder daran, wie Sie die Prüfung gut bewältigen werden.

Manfred S., 42 Jahre:

Ich hatte immer schon extreme Prüfungsangst. Schon in der Schule habe ich gemeinsam mit meinen Kollegen vor jeder Schularbeit gezittert. Während meines Medizinstudiums wurde das eigentlich noch schlimmer. Damals gab es noch die großen mündlichen Prüfungen – da ist oft innerhalb von 15 Minuten alles entschieden. Wenn man da nicht gleich gut drauf ist und das Richtige sagt … Kopf ab! Kein Wunder, dass ich vor allen meinen Prüfungen ein nervöses Wrack war.

Nur ein einziges Mal war ich vollkommen bei der Sache – damals habe ich richtig gut abgeschnitten. Das war meine Chirurgie-Prüfung, sie fand im Konferenzzimmer der Abteilung für Chirurgie im Krankenhaus statt. Die Situation war so: Ich bin auf dem Weg ins Krankenhaus und sperre gerade mein Fahrrad ab, als hinter mir Reifen quietschen. Ein Motorradfahrer hatte übersehen, dass der Bus von der Haltestelle wegfuhr. Der Bus hat ihn seitlich erwischt: Bei Bus gegen Motorrad hat ein Motorradfahrer keine guten Karten. Wirklich übel sah es zum Glück nicht aus, aber der Motorradfahrer schrie wie am Spieß, und ehrlich gesagt war sein linker Arm echt nicht in einer natürlichen Haltung. Also habe ich ihn gepackt und ihm erklärt, dass ich ihn zur Notfallaufnahme bringe. Die war nicht weit weg. Andere Passanten haben geholfen, das Motorrad von der Straße zu holen und haben Kontakt mit dem Busfahrer aufgenommen und diesen Kram; ich mit dem Verletzen zur Notaufnahme und hab dort auch noch schnell alles geregelt.

Ich kam noch gerade rechtzeitig zu meiner Prüfung. Aber natürlich hatte ich durch den Unfall überhaupt nicht an meine eigene Prüfung gedacht und keine Zeit gehabt, mich selber nervös zu machen. Ich war selber ganz überrascht, wie ruhig und entspannt meine Stimme war.

Gesprächskontrolle
Lassen Sie sich vor der Prüfung nicht in nervenaufreibende Gespräche verwickeln. Studierende machen sich auf diese Art und Weise vor Prüfungen häufig gegenseitig fertig. Vermeiden Sie GesprächspartnerInnen, die Sie nervös machen, oder lenken Sie das Thema von der Prüfung ab. Denken Sie an das, was Sie können, nicht an das, was Sie nicht können.

Schriftliche Tests

Sorgen Sie dafür, dass Sie nicht nur mental, sondern auch praktisch gut vorbereitet sind, und statten Sie sich für schriftliche Tests mit dem notwendigen Material aus: Kugelschreiber, Bleistift, Papier, eventuell Taschenrechner und andere Utensilien.

Sobald Sie den Fragebogen erhalten haben, verschaffen Sie sich einen Überblick über die Klausur: Wie umfangreich ist sie, welche Fragen stehen Ihnen bevor?

Von leicht zu schwer

Nehmen Sie der Prüfung den Schrecken, indem Sie mit den leichtesten Antworten beginnen. Handeln Sie sich so vor zu den schwierigen Aufgaben. Achten Sie dabei allerdings auf die Zeit: Keine Frage sollte mehr Zeit benötigen, als sie Ihnen Punkte bringen kann. Wenden Sie bei 3 gleich bewerteten Fragen also für jede Frage ein Drittel der Zeit auf.

Für das Auge

Machen Sie den Korrektoren das Leben nicht schwer und bemühen Sie sich, leserlich zu schreiben. Eine richtige Antwort bringt Ihnen gar nichts, wenn der Prüfer, die Prüferin sie nicht lesen kann. Strukturieren Sie längere Antworten und notieren Sie sich die einzelnen Punkte, die Sie anführen wollen. Beginnen Sie mit einem einleitenden Satz, an den Sie die Details bzw. die genaue Erklärung anhängen. Fassen Sie anschließend die Hauptaussage in einem Schlusssatz zusammen.

Facts: Notizen während Prüfungen.

StudentInnen, die sich während Prüfungen spontan Notizen machen, schneiden besser ab. Finnische Wissenschaftler haben die Aufnahmeprüfungen für eine Pflegeschule analysiert (Slotte & Lonka, 1998). Vor allem auf umfangreiche Antworten auf Wissensfragen wirkten sich Notizen positiv aus: Die StudentInnen antworteten länger und strukturierter.

Legen Sie sich also einen Notizzettel zurecht, auf dem Sie während des Tests Ihre Gedanken notieren. Schreiben Sie die jeweilige Fragennummer dazu, damit Sie später darauf zurückkommen können.

Was tun wenn …

… Sie eine Frage nicht verstehen?
Widmen Sie sich zunächst anderen Fragen. Lesen Sie anschließend die Frage noch einmal aufmerksam durch. Zerlegen Sie Schachtelsätze und versuchen Sie, die Formulierung zu vereinfachen. Liegt es an unbekannten Fachausdrücken, dass Sie die Frage nicht verstehen? Verstehen Sie Teile des Wortes? Ist Ihnen vielleicht die Vorsilbe bekannt? Die Bedeutung des Begriffs „Hypertension“ können Sie sich etwa selber herleiten: Der englische Begriff „tension“ bedeutet Druck und „hyper“ weißt generell auf eine Erhöhung hin. Hypertension ist entsprechend (Blut-)Hochdruck.

Auch bei einer schriftlichen Prüfung sind PrüferInnen anwesend. Scheuen Sie sich nicht, eine Frage an sie zu stellen, wenn die Aufgabenstellung bei der Prüfung unklar ist.

… Sie eine Antwort nicht wissen?
Bleiben Sie nicht zu lange bei Aufgaben hängen, die Sie nicht lösen können. Beantworten Sie zuerst alle anderen Fragen und konzentrieren Sie sich anschließend auf die „harten Nüsse“. Wenden Sie die Strategien an, die vorher unter „Systematisch erinnern“ (Seite 163) aufgelistet sind.

Multiple-Choice-Fragen

Multiple-Choice-Tests erfordern ein besonders strukturiertes Vorgehen.

Bewahren Sie den Überblick
Überfliegen Sie anfangs alle Fragen und überblicken so den Umfang und die Schwerpunkte der Prüfung. Überschlagen Sie, wie viel Zeit Ihnen für die einzelnen Teile zur Verfügung steht.

Selber antworten
Überlegen Sie sich die richtige Antwort, nachdem Sie die Frage aufmerksam gelesen haben. Lesen Sie erst anschließend alle (!) Optionen durch und wählen diejenige, die am besten zu Ihrer gefundenen Antwort passt.

Auf die Formulierung achten

- *Multiple-Choice-Fragen sind oft hinterlistig gestellt. Achten Sie auf kleine Worte wie „nicht“ und „nie“. Sie können verneinende Begriffe zur Sicherheit unterstreichen.*
- *Handelt es sich bei der Antwort um eine Zahl, passen Sie auf, in welcher Einheit sie geschrieben steht.*
- *Absolute und allumfassende Behauptungen wie „immer“, „ausschließlich“, „nie“ etc. sind in der Wissenschaft selten und daher häufig ein Hinweis darauf, dass die entsprechende Antwort nicht wahr ist.*

Systematisches Vorgehen

- *Manche Tests inkludieren Antwort-Optionen wie „Aussagen 1 und 2 treffen zu“, „keine Aussage trifft zu“, „alle Aussagen treffen zu“ etc. Behandeln Sie in diesem Fall alle möglichen Antworten einzeln und notieren Sie, ob die getroffene Behauptung auf sie zutrifft oder nicht. Fassen Sie dann zusammen, welche Kombination zutrifft.*
- *Markieren Sie Antworten, bei denen Sie sich sicher sind, indem Sie sie abhaken. Für sie benötigen Sie während der Wiederholung keine Zeit mehr. Gerade bei Multiple-Choice-Fragen kommt es häufig vor, dass Studierende richtige Antworten im Nachhinein doch noch ausbessern und eine falsche Alternative wählen. Überlegen Sie es sich 2-mal, bevor Sie eine Antwort ändern.*
- *Markieren Sie dafür Fragen, die Ihnen noch unklar sind oder über die Sie noch länger nachdenken möchten, mit einem Fragezeichen.*

Gezielt raten

Bei Multiple-Choice ist es besonders wichtig, dass Sie alle Fragen beantworten. Läuft Ihnen während der Prüfung die Zeit davon, ist es besser, wahllos Antworten der letzten Fragen anzukreuzen, anstatt leere Seiten abzugeben. Raten Sie gezielt:

- *Streichen Sie Optionen, bei denen Sie sicher wissen, dass sie falsch sind, durch.*
- *Wählen Sie eher längere Antworten. Die richtige Antwort ist häufig länger formuliert.*
- *Vermeiden Sie bei Zahlenwerten die Extreme und tippen Sie eher auf mittlere Werte.*
- *Verrät die Satzstruktur der Frage etwas über mögliche Antworten? Stimmen etwa Zeit oder Verbform überein?*

Mündliche Prüfung

Es ist bei mündlichen Prüfungen praktisch unmöglich, das gesamte Stoffgebiet abzufragen. Ein Prüfer kann sich also nie ein vollkommen objektives Bild darüber machen, wie viel Sie wirklich wissen. Entscheidend ist also, was er glaubt, dass Sie wissen. Bei mündlichen Prüfungen geht es also darum, dem Prüfer das Gefühl zu geben, dass Sie alles wissen.

Gute Startbedingungen

Die Prüfung beginnt daher mit dem ersten Eindruck, den Sie auf die Prüferin machen. 2 Faktoren können Sie ganz entscheidend beeinflussen:

1. *Pünktlichkeit: Kommen Sie zu Ihrer Prüfung nicht nur rechtzeitig, seien Sie der Zeit ein bisschen voraus. Planen Sie einen Puffer ein, um den Raum zu finden und Ihre Sachen abzulegen.*
2. *Aussehen: Wählen Sie für wichtige mündliche Prüfungen Kleidung, in der Sie sich wohl und „kompetent" fühlen. Ihr Lieblingspullover kann zwar sehr bequem sein – der riesige Kaffeefleck auf der Brust könnte Sie aber verunsichern …*

Führen Sie eine gute Unterhaltung

Eine mündliche Prüfung ist nichts anderes als eine Unterhaltung, ein Wechselspiel zwischen 2 Personen. Achten Sie darum auf die Reaktionen der Person, die Sie prüft: Wohin blicken ihre Augen? Verrät ihre Mimik, ob Sie mit Ihrer Antwort richtig liegen?

Wenn Zusatzfragen gestellt oder gar Einwände geäußert werden, gehen Sie unbedingt darauf ein. Selbst wenn Sie die Antwort auf eine Frage perfekt auswendig aufsagen können, sprechen Sie nicht wie ein Tonband, sondern führen ein Gespräch.

Die Prüfung ist nicht der richtige Ort, um Grundsatzdiskussionen zu führen. Wenn Sie anderer Meinung sind, äußern Sie diese nach der Prüfung. Geben Sie PrüferInnen während der Prüfung das Gefühl, dass Sie als GesprächspartnerIn interessiert und aufmerksam sind.

Lassen Sie sich Ihr Wissen nicht aus der Nase ziehen. Ergreifen Sie die Initiative und erzählen Sie, was Sie wissen.

Was tun, wenn …

… Sie eine Frage nicht verstehen?

Wenn Sie sich nicht sicher sind, was die Prüferin mit einer Frage meint, fragen Sie nach. Formulieren Sie dazu die Frage um: „Meinten Sie …“, „Wollen Sie … hören?“, „Habe ich richtig verstanden, dass Sie fragen …“

… Sie eine Antwort nicht wissen?

Gönnen Sie sich eine kurze Denkpause. Sie müssen nicht sofort, nachdem die Frage gestellt wurde, darauf losquasseln. Nehmen Sie sich einen Moment, um die Frage zu verarbeiten und sich eine Antwort zu überlegen.

Wenn Ihnen die Antwort nicht einfällt und Ihnen die Denkpause unangenehm wird, können Sie Ihre Überlegungen ausformulieren. Denken Sie also laut nach: „Ich überlege mir …“, „Das erinnert mich an …“.

Auf diesem Weg können Sie dem Prüfer zeigen, dass Sie eine Ahnung von dem Gebiet haben. Halten Sie an den Informationen fest, die Sie gut können, und tragen Sie sie selbstsicher vor.

Gerade bei umfangreichen Prüfungen kann es passieren, dass Sie einen Fachausdruck, ein Vokabel oder eine Jahreszahl momentan nicht parat haben. Sagen Sie dann ruhig, dass Sie die Antwort gerade nicht wissen, anstatt lange um den heißen Brei herumzureden: „Der Begriff liegt mir auf der Zunge …“, „Jetzt ist mir die Jahreszahl entfallen, sie fällt mir bestimmt gleich ein. Aber was ich zu dem Ereignis noch sagen wollte …“.

Problemlösung

Für das Lösen von Fallbeispielen oder theoretischen Problemen benötigen Sie Strategien.

Es gibt 2 Herangehensweisen, wie Sie der Lösung eines Problems auf die Spur kommen können:

- ***heuristisch:*** *Sie sammeln alles zusammen, was Sie über das Thema wissen, und suchen in diesem Wissen systematisch die Antwort auf Ihre Fragen.*
- ***algorithmisch:*** *Ein Algorithmus ist ein allgemeiner Lösungsweg. Sie lösen ein Problem, indem Sie es mit anderen Fallbeispielen oder Problemstellungen vergleichen und andere Lösungswege auf Ihr Problem adaptieren.*

In diesem Kapitel sind mögliche Strategien zusammengefasst, wie Sie Ihrer Lösung näher kommen können:

Heuristik: Lösungen suchen

Je konkreter die Frage, desto leichter lässt sich eine Antwort finden. Formulieren Sie Ihr Problem so einfach wie möglich.

Ein Problem in Teilschritte zerlegen

Definieren Sie unterschiedliche Aspekte, die in Ihrem Thema enthalten sind. Behandeln Sie einen nach dem anderen und versuchen Sie Teillösungen zu finden und sich so dem Ergebnis schrittweise zu nähern.

Karina M., 45 Jahre, Teilnehmerin Unternehmer-Training:
Im Rahmen meines Unternehmertrainings musste ich auch Fallbeispiele aus dem Unternehmerrecht lösen. Meine Freundin Agnes ist Juristin und hat mir eine Strategie gezeigt, mit der ich die Fälle systematisch lösen kann. Für jedes Beispiel beantworte ich der Reihe nach die folgenden Fragen:

- *Welche Personen sind involviert?*
- *Welche Handlungen haben die Beteiligten in welcher Reihenfolge gesetzt?*
- *Wie sieht der Sachverhalt aus?*
- *Welche Gesetze sind anwendbar?*

Mit dieser Liste gehe ich an jedes Fallbeispiel heran und kann es so Schritt für Schritt lösen.

Falsche Annahmen identifizieren

Warum sollten wir zögern, die alte Anschauung über Bord zu werfen?
Alfred Wegener

Manchmal müssen Sie einen Schritt zurücktreten, um eine Lösung zu finden. Viele Probleme lassen sich nicht lösen, weil Sie von falschen Vorannahmen ausgehen.

Dafür gibt es zahlreiche Beispiele in der Geschichte verschiedenster Wissenschaftsdisziplinen:

- *Knochenreste von unbekannten Lebewesen ließen sich nicht erklären. Erst als Charles Darwin die Annahme, dass alle Arten in der jetzigen Form schon seit der Schöpfung vorhanden sind, verwarf, war der Weg zur Lösung freigelegt: die Evolutionstheorie.*
- *Vor ein ähnliches Problem sah sich Nikolaus Kopernikus gestellt, als er versuchte, rückläufige Planetenbewegungen zu klären. Das geozentrische Weltbild mit der Annahme, die Erde sei das Zentrum der Welt, war mit den beobachteten Phänomenen am Nachthimmel nicht vereinbar. Um eine Lösung für das Problem zu finden, warf Kopernikus das gesamte gängige Weltbild um und argumentierte für ein heliozentrisches System.*
- *Alfred Wegener erkannte, dass die neuen Erkenntnisse der Physik nicht mit dem alten Modell der Starrheit der Kontinente vereinbar waren. Das ermöglichte ihm, Indizien zu sammeln, um sein neues Modell der Plattentektonik zu entwickeln.*

Überlegen Sie, ob falsche Annahmen die Lösung Ihres Problems erschweren. Rollen Sie Ihre Frage noch einmal von Anfang an auf. Welche Annahmen haben Sie getroffen? Verifizieren Sie alle Ausgangspunkte, bevor Sie weiter nachdenken: „Question the question!"

Grenzenlos nachdenken

Kennen Sie diese Denkaufgabe?

Verbinden Sie die 9 Punkte mit 4 geraden zusammenhängenden Strichen.

Versuchen Sie anschließend einen Weg zu finden, die Punkte mit 3 (geraden, zusammenhängenden) Strichen zu verbinden.

Die Lösungen finden Sie auf Seite 180.

Das erste Problem kann nur gelöst werden, wenn man sich erlaubt, die Grenzen des scheinbaren quadratischen Rahmens zu überschreiten.

Auf die zweite Lösung stößt man, wenn man realisiert, dass die Punkte nicht genau in der Mitte durchzogen werden müssen.

Welche Grenzen schränken Ihr Problem ein? Suchen Sie die Grenzen Ihrer Frage bewusst auf und überschreiten Sie sie: *„Break the rules!"*

Algorithmus: Lösungsstrategien entwickeln

Neue Lösungsstrategien entdecken

Erinnern Sie sich an die Denkaufgabe, die Sie soeben gelöst haben. Möglicherweise ist es Ihnen schwergefallen, die Aufgabe mit den Strichen zu lösen, nachdem Sie die erste Frage beantwortet hatten. Wenn Sie einmal eine Lösungsstrategie (wie die Lösung mit den 4 Strichen) gefunden haben, ist es schwer, neue Wege zu entdecken.

Es ist gefährlich, an alten Lösungsstrategien festzuhalten, denn sie halten Sie davon ab, sich weiterzuentwickeln.

Facts: Wasserglas-Experiment.

Das Forscher-Ehepaar Luchins stellte Versuchspersonen vor eine Reihe von Problemen (Luchins & Luchins, 1970). Die Probanden erhielten 3 Wassergläser unterschiedlicher Größen und so viel Wasser, wie sie benötigten. Die Aufgaben bestanden darin, mithilfe der Gläser eine bestimmte Wassermenge zu erhalten. Einigen Versuchspersonen wurde nun eine Reihe an Problemen gestellt, die mit einer bestimmten Lösungsstrategie bewältigbar sind. Sie lernten, dass die Lösungsstrategie „größtes Glas minus mittleres Glas minus 2x kleinstes Glas" erfolgreich funktioniert. Diese Gruppe neigte dazu, den so erarbeiteten Lösungsweg auch für weitere Aufgaben zu verwenden, selbst wenn es dafür einfachere Lösungen gegeben hätte.

Deutlich wurde das bei folgender Aufgabenstellung. Mit Wassergläsern der Größen 3, 23 und 49 war die Menge 20 zu erreichen.

Die Gruppe, die die Lösungsstrategie (größtes Glas – mittlerer Glas – 2x kleinstes Glas) geübt und eintrainiert hatte, nütze diese Strategie auch für diese Aufgabe: 49 – 23 – 3 – 3 = 20.

Alle anderen Versuchspersonen wählten den direkten Weg: 23 – 3 = 20.

Hinterfragen Sie Ihre üblichen Strategien. Wo könnte eine neue Situation neue Anforderungen beinhalten?

Ricarda F., 31 Jahre, Seminar Sozial- und Arbeitsrecht:
In der Schule habe ich gelernt, indem ich mir Zusammenfassungen geschrieben habe. Ich habe die wichtigsten Informationen aus den Schulbüchern herausgeschrieben und dann die selbstgeschriebenen Kurzfassungen gelernt. In der Fortbildung habe ich zunächst denselben Weg verfolgt und die Lehrbücher schriftlich zusammengefasst. Doch der Prüfungsstoff war viel umfangreicher als in der Schule. Meine Zusammenfassungen wurden sehr lang und das Schreiben kostete viel Zeit. Letztendlich musste ich meine alte Lernstrategie aufgeben, für die Fortbildung war sie nicht geeignet. Ich brauchte eine Methode, den Lernstoff zu reduzieren, ohne Informationen aus Büchern herauszuschreiben. Ich habe begonnen, im Buch zu unterstreichen und gegebenenfalls Notizen an den Seitenrand zu schreiben. So konnte ich meine Strategien an die neue Situation anpassen.

Kopfstandtechnik

Die Kopfstandtechnik (Kilian et al., 2007) kann Ihnen helfen, wenn sich Ihre Gedanken im Kreis drehen. Stellen Sie das Problem auf den Kopf.

> ***Problem:*** *Wie schaffe ich es, mein Projekt rechtzeitig abzugeben?*
>
> ***Problem auf den Kopf stellen (Gegenteil):*** *Wie schaffe ich es, mein Projekt nicht rechtzeitig abzugeben?*

Versuchen Sie eine Lösung für das Gegenteil Ihres Problems zu finden. Drehen Sie anschließend die Lösung wieder um.

Kreatives Problemlösen: die Walt-Disney-Methode

Die Walt-Disney-Methode (Dilts, 1994) ist als Kreativitätstechnik bekannt. Sie kann Ihnen helfen, Probleme aus anderen Blickwinkeln zu betrachten. Versetzen Sie sich der Reihe nach in die folgenden 3 Rollen:

- *der Träumer: Sammeln Sie Ideen.*
- *der Realist: Setzen Sie die Ideen um.*
- *der Kritiker: Hinterfragen Sie.*

Sie können den Effekt noch verstärken, indem Sie sich für jede Figur an einen bestimmten Ort begeben (siehe Seite 153). Walt Disney hatte tatsächlich 3 verschiedene Zimmer: eines zum Entwickeln neuer Ideen, eines, um die Ideen auszuarbeiten, und eines, um seine Arbeit im Detail zu verbessern.

Wo ist Ihr Ort des Träumens? Wo der Ort des Schaffens und Tuns? An welchem Ort sind Sie dazu angeregt, kritisch zu denken?

Lautes Denken

Fassen Sie Ihr Problem in eigenen Worten zusammen und formulieren Sie Ihre Gedanken laut.

Sie als ExpertIn!

Die intensive Beschäftigung mit einem Thema führt dazu, dass Sie sich umfangreiches Wissen aneignen und Ihre Problemlösefähigkeit in diesem Bereich steigt: Sie werden zum Experten oder zur Expertin. Die Kombination von breiter Grundlage und tiefergehender Spezialisierung im Laufe einer Weiterbildung bietet optimale Voraussetzungen dafür, zur Expertin in einem bestimmten Gebiet zu werden.

Expertentum führt dazu, dass Sie Ihr Wissen leichter ausweiten können (Chi et al., 1988).

- ***Konzentration:*** *Wissen beeinflusst Ihre Wahrnehmung und Aufmerksamkeit: Wie gehen Sie auf neue Daten zu? Ihr umfangreiches Vorwissen und Ihre Erfahrungen in Ihrem Fachgebiet bestimmen, wie Sie neues Wissen interpretieren und beurteilen. Zusammenhänge und praktische Bedeutungen werden leichter erkannt.*

- ***Gedächtnis:*** *Als Experte organisieren Sie Ihr Wissen systematischer und praktischer. Je mehr Sie wissen, desto leichter können Sie neue Informationen integrieren: Ihre Gedächtnisleistung steigt.*
- ***Strategienvielfalt:*** *ExpertInnen haben praktische Problemlösungsstrategien entwickelt, die es ihnen ermöglichen, Fragen gezielt zu beantworten. Sie haben ein Repertoire an erprobten Lösungswegen für fachspezifische Probleme.*

Facts: Expertengedächtnis.
Der niederländische Forscher de Groot war einer der ersten, der sich mit den herausragenden Fähigkeiten von Experten auseinandersetzte (de Groot, 1978). Er testete das Gedächtnis von Schach-Großmeister Max Euwe (Schachweltmeister 1935–1937), indem er ihm für 2 bis 10 Sekunden Schachbretter mit Positionen aus Meisterschaftsspielen präsentierte. Der talentierte Schachspieler konnte die Stellungen der Figuren fast fehlerfrei (93,4% korrekt erinnerte Figuren) wiedergeben. Im Gegensatz dazu erreichten schwächere Schachspieler nur 52,5%. Dieser markante Unterschied lässt sich dadurch erklären, dass Schachmeister Kombinationen aus mehreren Figuren in Einheiten zusammenfassen. Auf diese Art und Weise können sie die begrenzte Kapazität des Arbeitsgedächtnisses gezielt nützen.

Übrigens: Dieser Gedächtnisvorsprung der Schachmeister verschwindet, sobald die Figuren in sinnlosen Konstellationen aufgestellt werden, da die Experten dann nicht mehr in der Lage sind, ihr Wissen und ihre Erfahrung zu nützen.

Der Weg zum Expertentum

Lernen ist kein abgeschlossener Prozess, sondern setzt sich in einer Spirale fort. Nachdem Sie einen Wissensberg erklommen haben, orientieren Sie sich neu und beginnen wieder mit der Phase des Überblickens – neue Zusammenhänge werden verstanden und vernetzt. Diese neuen Erkenntnisse prägen Sie sich wiederum ein, um sie später gezielt anwenden zu können usw.

Lernen hat keinen Anfang und kein Ende

Sie werden zum Experten, zur Expertin, indem Sie Ihr momentanes Wissen immer wieder hinterfragen, ergänzen und erweitern. Spirallernen bedeutet, dass Sie Themen, die Sie sich erarbeitet haben, mit Ihrem aktuellen Wissensstand vergleichen und neu überarbeiten. Wiederholen Sie und rekapitulieren Sie aus diesem Grund regelmäßig Inhalte aus Ihrem WIFI-Kurs.

Das beste Mittel gegen Vergessen ist die Anwendung. Die Inhalte aus dem Kurs, die Sie später tatsächlich verwenden, werden Sie nicht so leicht vergessen.

Überlassen Sie Ihre Fähigkeiten nicht dem Zufall, sondern überlegen Sie sich konkrete Schritte, die Sie setzen können, um Ihr Wissen auszubauen.

In welchem Gebiet möchten Sie zur Koryphäe werden? Überlegen Sie sich nun, wie Sie Ihr Wissen weiter ausbauen können:

Aus welchen Teilbereichen setzt sich dieses Fach zusammen? Wählen Sie 5 Bereiche, die Ihnen besonders am Herzen liegen.

- *Wo haben Sie praktische Erfahrungen? Beruf, Projekte, Forschung …*
- *Auf welche Literatur können Sie zurückgreifen? Wissenschaftliche Publikationen, populärwissenschaftliche Bücher, Fachzeitschriften …*
- *Welche Fortbildung können Sie besuchen? Workshops, Vorträge, Vortragsreihen, Lehrgänge …*
- *Auf welches Netzwerk können Sie sich stützen? Andere Experten, Diskussionsrunden, Foren …*
- *Wie können Sie Ihr Wissen sonst noch vertiefen? Reisen, Filme, Spiele …*

Legen Sie fest, mit welchen Schritten Sie beginnen möchten, und entwickeln Sie einen Zeitplan.

Werden Sie, wer Sie sein könnten.

Lösungen der Denksportaufgabe von Seite 175:

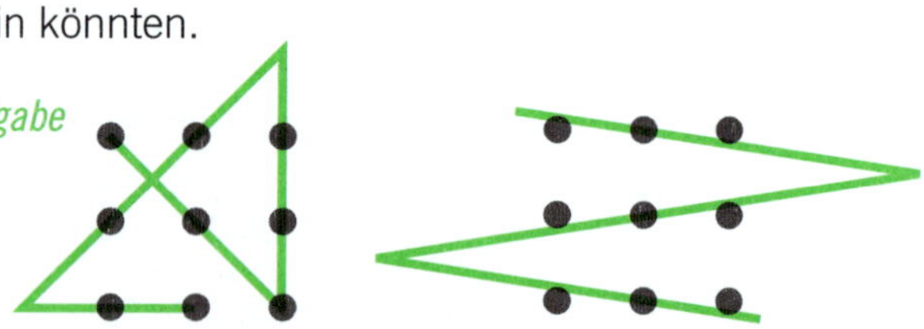

LERNEN ZU LERNEN

Verschaffen Sie sich einen Überblick!

- *Finden Sie heraus, was Sie schon wissen*
- *Erstellen Sie einen Lernplan*

Lernen Sie Ihr Lernthema kennen!

- *Stellen Sie Fragen*
- *Beschreiben Sie in Ihren eigenen Worten*
- *Achten Sie auf die Details*
- *Seien Sie kritisch*
- *Finden Sie Zusammenhänge*
- *Entwickeln Sie Modelle oder Metaphern*
- *Hinterfragen Sie alles*
- *Bilden Sie Ihre eigene Meinung*

Speichern Sie wichtige Informationen ab!

- *Bilden Sie sich Eselsbrücken*
- *Seien Sie kreativ*
- *Üben Sie Mnemotechniken*
- *Wiederholen Sie aktiv und regelmäßig*

Bereiten Sie sich zielgerichtet auf Prüfungen vor!

- *Schaffen Sie Hinweisreize für Ihre Erinnerung*
- *Überlassen Sie nichts dem Zufall*
- *Führen Sie Prüfungsgespräche selbstsicher*
- *Beantworten Sie Fragen mit System*
- *Werden Sie zum Experten/zur Expertin*

SCHREIBPROJEKTE UND PRÄSENTATIONEN

EIN THEMA ERARBEITEN

Sie wollen Ihr Wissen nicht nur in Prüfungen Preis geben, sondern haben auch in Form von schriftlichen Arbeiten oder mündlichen Präsentationen die Möglichkeit, Ihren Lernerfolg unter Beweis zu stellen.

In diesem Kapitel geht es um mehrere wichtige Punkte, die Sie für Ihr Schreib- oder Präsentationsprojekt brauchen werden:

Wie finden Sie Ideen und Fragen die Sie erarbeiten möchten? Wie grenzen Sie den Umfang ein und strukturieren Ihr Projekt? Wie erstellen Sie einen zielgerichteten Zeitplan, der es Ihnen ermöglicht, Ihr Vorhaben auch neben einer beruflichen Tätigkeit umzusetzen?

Wie schaffen Sie sich einen Überblick über ein Thema, recherchieren und analysieren einen Themenbereich? Wie beantworten Sie Ihre Fragen systematisch?

Welche Schritte führen zu einem erfolgreichen Schreibprojekt? Wie präsentieren Sie Ihre Erkenntnisse vor einem Publikum?

Auf den folgenden Seiten finden Sie nützliche Tipps und Methoden!

Mag. Carla H., 40 Jahre, Absolventin des Diplom-Lehrgangs „Online-Marketing“:
Mir fiel es immer schon leichter etwas zu Papier zu bringen, als einige hundert Seiten zu lernen und diese dann – meist nervös – bei einer Prüfung wiedergeben zu müssen. Deswegen freute ich mich auf das Verfassen der Arbeit, was letztlich auch sehr motivierend war.

Am Anfang der Recherche besteht das Ziel darin, sich einen Überblick zu verschaffen, nicht aber darin, bereits jetzt alles im Detail zu verstehen und zu behalten. Darum ist es sinnvoll, sich von vornherein Grenzen zu setzen und zu bestimmen, wie breit und wie tief die Recherche zu diesem Zeitpunkt reichen soll.

Wie eng oder weit Sie sich die Grenzen setzten, hängt natürlich vom Ziel der Recherche ab: Beim Lernen für eine Prüfung sind oftmals Quellen bereits angegeben, auf die Sie sich beschränken können, um die Prüfung zu schaffen. Wenn Sie das Thema interessiert, werden Sie sich eventuell zusätzlich ein Buch kaufen wollen oder weitere Quellen besorgen. Spätestens bei einer schriftlichen Arbeit kommen Sie nicht mehr darum herum, selbst die Grenze Ihrer Recherche zu bestimmen. Das ist der Punkt, an dem Sie zum ersten Mal eigenständig wissenschaftlich arbeiten – indem Sie selbst die Verantwortung übernehmen, Ihr Gebiet abzustecken: so weit und keinen Schritt mehr!

Im Stadium der ersten Überblicksrecherche ist es ratsam, eine pragmatische Entscheidung zu treffen:

- *Wie viel kann ich bis zum Abgabetermin lesen?*
- *Wie tief kann ich mir das Thema bis zum Termin aneignen?*
- *Was ist relevant?*
- *Was muss ich leisten, um eine sehr gute Note zu bekommen?*

Spuren sichern

Stellen Sie sich vor, Sie werden als Detektiv beauftragt, Ihr Thema zu beschatten (Kruse, 2001): Alles, was irgendwie mit dem Thema in Verbindung steht, ist wichtig, und viel versprechenden Hinweisen gehen Sie gezielt nach. Versuchen Sie Ihr Thema von allen Seiten zu betrachten, um sich ein gutes Bild davon machen zu können. Nutzen Sie nicht nur „tote Quellen“, sondern sprechen Sie auch mit Leuten über Ihr Thema, schauen Sie sich Spielfilme und hören Sie Radiosendungen dazu an. Notieren Sie sich jede Kleinigkeit.

Journal führen

In dieser Phase des Sammelns von Informationen ist es wichtig, immer jedes Detail festzuhalten – wie eine Detektivin in ihrem Notizbuch. Wenn Sie an einem Thema dran sind, eignet es sich am besten, darüber ein Themen- oder Forschungs-Journal zu führen.

Legen Sie sich zu jedem Thema, an dem Sie gerade arbeiten, ein kleines Heft oder Büchlein zu. Wenn Sie gerade an mehreren Themen gleichzeitig arbeiten, bieten sich Kollegeblöcke mit farblich gekennzeichneten Kapiteln besonders an. Am besten ist es, wenn Sie dieses Journal überall hin mitnehmen – die besten Einfälle kommen häufig unerwartet! Wenn man sie dann nicht festhält, lösen sie sich oft wieder auf. Bewährt hat sich zusätzlich ein wirklich kleines (A7) Notizbuch mit Bleistiftstummel, das immer mit dabei ist. Hier notieren Sie geniale Einfälle beim Joggen im Wald oder unerwartete Tipps zum Thema Samstag Abend an der Bar.

Was kommt alles in Ihr Journal?

Einfach alles, was irgendeine Verbindung zu Ihrem Thema zu haben scheint.

Auch wenn manche Quellen nicht zitiert werden können, bieten sie Ihnen einen guten Einstieg in Ihr Thema.

Ein Journal zu führen kann aber mehr sein als sammeln: Journal schreiben ist laut Boeglin (Boeglin, 2007) ein Prozess, der „schreibend denken" bedeutet. Das heißt, Sie notieren nicht nur „hard facts", sondern auch Ihre persönliche Auseinandersetzung mit dem Thema.

Das kommt in Ihr Journal

Ihre Materialsammlung	Ihre Ideensammlung
Zeitungsausschnitte	Gedanken zum Thema
Quellen, Tipps	Einfälle
Bilder, Diagramme, Tabellen, Skizzen	Fragen
Beispiele	Probleme, die auftauchen
Definitionen	Ideen, Anregungen
Personen, die mit dem Thema zu tun haben	Entwürfe, Gliederungen
Texte, Büchertitel, Journals	Listen
Vorträge, Vorlesungen	Reflexionen
Zitate	Bilanzen
Fernsehberichte	Notizen
Internetsites von Instituten, ForscherInnen, Universitäten	Eindrücke, Beobachtungen
	Gedanken zum Thema
Blogs, Links	Stichwörter, Assoziationen
RSS-Feeds, Podcasts, Diskussionsforen	Skizzen
persönliche Statements anderer	Clusterings
„richtige" und „falsche" Meinungen	Mindmaps
Argumente	Zeichnungen
Erfahrungen anderer	eigene Erfahrungen

Das Führen eines Journals steht nicht nur am Anfang, sondern zieht sich über den gesamten Lernprozess, damit Sie nie den Überblick verlieren. So können Sie, wenn Sie in eine Sackgasse geraten sind, anhand Ihrer Aufzeichnungen immer wieder zu einem sicheren Punkt zurückkehren. Das Journal dient als Ideenspeicher, als ein wertvoller Fundus, auf den Sie immer wieder zurückgreifen können.

Ein Journal unterstützt Sie in mehrerlei Hinsicht.
Mit Hilfe Ihres Journals

- *lernen Sie gut, zu beobachten und zu beschreiben.*
- *wird sichtbar, was Sie schon alles geleistet haben.*
- *erkennen Sie, was Sie weitergebracht hat und was nicht.*
- *können Sie Ihren Fortschritt nachvollziehen und reflektieren.*
- *erhöht sich Ihre Motivation und Ihr Selbstvertrauen.*
- *können Sie darauf aufbauend Ihren Lernprozess optimieren.*
- *gewinnen Sie mehr Sicherheit in Ihrer Arbeitsweise.*
- *formulieren Sie eine eigene Position.*
- *geht nichts verloren, ein Ideenspeicher entsteht.*

Der wichtigste Punkt ist dabei, dass Sie sich selbst durch das Journal „zum Zentrum Ihrer wissenschaftlichen Anschauungen machen“ (Kruse, 2007).

Lese-Glossar und Literaturverwaltung

Gerade wenn Sie viele Fachbegriffe oder Vokabeln einer Fremdsprache noch nicht kennen, legen Sie ein Lese-Glossar an: Hier können Sie die verschiedenen Bedeutungen der einzelnen Begriffe aufzeichnen. Notieren Sie sich den/die AutorIn, der/den Begriff verwendet hat. Oft werden Begriffe von verschiedenen AutorInnen unterschiedlich verwendet. Am einfachsten geht das in Textverarbeitungsprogrammen wie word, open office oder Latech. Oder Sie legen sich Karteikarten als Lernunterstützung an.

Speichern Sie Ihre Literatur als Textdateien in themenspezifische Ordner ab oder sammeln die Kopien und Ausdrucke in Ordnern. Wenn Sie sich Bücher ausborgen, kopieren Sie die interessanten Stellen und ordnen sie einem Themengebiet zu.

Verwenden Sie ein Literaturorganisationsprogramm wie Endnote, Citavi, Procite, Minerva oder für Apple das Programm Papers, um gefundene Texte zu organisieren und später gleich direkt in Ihr Literaturverzeichnis einspeisen zu können. Wenn Sie von Anfang an damit arbeiten, haben Sie später sehr viel weniger Aufwand beim Erstellen von schriftlichen Arbeiten oder Präsentationen.

Zusätzlich schaffen Sie sich einen Literatur-Pool in Ihrem Fachgebiet, auf den Sie später jederzeit zurückgreifen können. Wenn Sie zusätzlich Schlagwörter eingeben, finden Sie sich leichter zurecht.

Digitale Informationen

Da Recherche heute in fast allen Disziplinen untrennbar mit der Benutzung des Internets zusammenhängt, macht es Sinn, elektronische Daten, Dokumente und Links strukturiert zu sammeln oder gar ein Online-Journal zu führen.

Je nachdem wie gut Sie bereits mit dem Gebrauch neuer Medien vertraut sind, können Sie ihre Vorteile verschieden nutzen:

- *Legen Sie sich einen Ordner zu jedem Thema an, an dem Sie gerade arbeiten, und speichern alles Dazugehörige dort ab.*
- *Schaffen Sie sich eine Lesezeichen-/Favoritenstruktur mit einem Ordner zu jedem Ihrer Themen und speichern alle interessanten Websites und Links und Suchmaschinen oder Datenbanken dort ab.*
- *Legen Sie sich ein Text-Dokument zu jedem Thema an, an dem Sie gerade arbeiten. Hier kopieren Sie Links hinein, schreiben Gedanken und Einfälle genauso auf wie Literaturquellen oder aus dem Internet kopierte Zitate und Texte – genau so, wie Sie es beim Journalschreiben machen würden.*
- *Lassen Sie die Neuigkeiten zu Ihrem Thema als E-Mail-Benachrichtigungen zuschicken oder abonnieren Sie themenrelevante RSS-Feeds in einen RSS-Reader (beispielsweise von Google), der Sie automatisch auf neue Informationen auf einer Website aufmerksam macht.*

Zusätzlich zu Ihrem Text-Dokument könnten Sie einen Blog oder ein ePortfolio zu Ihrem Thema führen, in dem Sie interessante Texte, Links, Arbeiten, Ihre eigenen Produkte, Gedanken und Notizen sammeln. Der große Vorteil besteht darin, dass Sie Internetquellen, Literaturdaten und andere Links hier zusammenbringen können und gemeinsam verfügbar haben. Vergessen Sie dabei nicht, wichtige Schlagworte mit einem Stichwörtersystem zu markieren (zu „taggen"), damit Sie sie später wiederfinden können.

Ein zusätzlicher Nutzen: Wenn Sie anderen Zugriff zu Ihrem Blog oder Portfolio gewähren, können sie vielleicht in ihren Kommentaren wertvollen Input liefern.

Wenn Sie Ihre eigenen Werke und Leistungen in einem ePortfolio themenorientiert sammeln, können Sie sie bei Bedarf schnell abrufen und weiterverwenden oder sogar präsentieren: Gerade bei zukünftigen ArbeitgeberInnen macht es einen guten Eindruck, wenn Sie zeigen können, wie umfangreich Sie an einem Thema gearbeitet haben und zu welchen Resultaten Sie gekommen sind.

Recherchieren im Internet

Suchmaschinen

Suchmaschinen durchforsten das Internet nach Seiten, die bestimmte Stichworte enthalten.

Die am meisten verwendete Suchmaschine ist Google (www.google.com). Wissenschaftliche Publikationen finden Sie über die Google-Scholar-Suchmaschine (scholar.google.com). Achtung: Die zuerst angezeigten Einträge sind nicht die besten, sondern die populärsten, das heißt, jene, die am öftesten angesehen werden. Beachten Sie, dass gerade hoch spezialisierte Fachseiten oft nicht so eine hohe Besucherfrequenz haben, aber dennoch gute Information bieten.

Datenbanken

Für einen ersten Überblick eignen sich auch nichtwissenschaftliche Such-Ressourcen. In der Online-Enzyklopädie Wikipedia (www.wikipedia.org) finden Sie erste Definitionen. Vorsicht: Weder können Sie Informationen von hier wissenschaftlich zitieren, noch ist es sicher, ob sie stimmen. Trotzdem können Sie sich hier einen Überblick verschaffen, und hier finden Sie vor allem weiterführende Links und Schlagwörter für Ihre weitere Suche.

Um tiefer in einen Themenbereich einzudringen, finden Sie zuerst heraus, welche Online-Ressourcen es dazu gibt: Jeder Fachbereich hat eigene Fachdatenbanken und meist Online-Bibliothekskataloge. Sie finden sie häufig in den Link-Listen auf fachspezifischen Websites. Schauen Sie, welche Ressourcen es in Ihrem Fachbereich gibt, lernen Sie sie kennen und beurteilen Sie, wie attraktiv sie für Ihren Zweck sind. Verwenden Sie eventuell eine Entscheidungsmatrix (siehe Seite 23).

Schlagwörter für die Suche

Um in dem riesigen Informationsangebot Internet zu finden, was Sie suchen, brauchen Sie eine Liste mit guten „Ködern“ für die Suche.

Finden Sie Schlagwörter, die möglichst spezifisch für das eigene Thema sind, auch Synonyme, unter denen dasselbe Thema behandelt wird. Versuchen Sie schon im Vorfeld Verwechslungsmöglichkeiten und Mehrdeutigkeiten auszuschließen.

Als Suchbegriffe eignen sich insbesondere

- *Fachbegriffe, Schlagwörter.*
- *wichtige Personen/Protagonisten.*
- *dazugehörige Methoden.*
- *verwendete Materialien, Quellen.*
- *Titel von bereits vorhandener Literatur.*

Nützen Sie bei der Suche im Internet die erweiterten Suchfunktionen:

- *kombinieren von Suchwörtern („x" + „y").*
- *Entweder-oder-Prinzip („x" OR „y").*
- *ausschließen lassen („x" – „y").*

Hilfreich ist die Phrasensuche: Setzen Sie Ihren Suchbegriff unter Anführungszeichen, um beispielsweise Einträge zu einem Buchtitel zu finden: Die Suchmaschinen suchen dann die exakt gleiche Phrase.

Wenn Sie dagegen dazu verschiedene Schreibweisen oder ähnliche Bezeichnungen finden wollen, verwenden Sie das „*" nach dem Wortstamm: (beispielsweise: ornitho* für Ornithologie, ornithologisch, Ornithographie ...).

Das Ziel vor Augen

Zielgerichtete Suche führt Sie weit schneller zu nützlichen Ergebnissen als wahlloses Anklicken von Google-Suchergebnissen. Letzteres führt Sie beim Surfen weit fort von dem, was Sie eigentlich finden wollen.

Definieren Sie vor einer Such-Session, was Sie genau suchen:

- *wichtige AutorInnen, ExpertInnen und Fachleute in diesem Bereich.*
- *Bücher, Texte, Pdf-Dateien.*
- *Powerpoint-Folien oder andere Lernunterlagen.*
- *Begriffsdefinitionen.*
- *Institute mit entsprechenden Schwerpunkten.*
- *Vorträge, Workshops, Konferenzen zum Thema.*

- *Homepages zum Thema.*
- *Datenbanken zum Thema.*
- *Fach-Bibliotheken.*

Die können Ihre Suche weiter eingrenzen, indem Sie für die gesuchten Informationen festlegen

- *aus welchem Zeitraum (aus dem letzten Jahr, aus dem letzten Jahrzehnt) sie stammen.*
- *in welcher Disziplin sie behandelt werden sollen.*
- *in welcher Sprache sie verfügbar sein sollen.*

Kritischer Umgang mit dem Internet

Um die Verlässlichkeit einer Website zu beurteilen, achten Sie auf Folgendes:

- *Ist es eine kommerzielle Website? Wenn ja, mit welchem Ziel? An wen wendet sie sich?*
- *Welche Organisation zeichnet für die Website verantwortlich? Gibt es Kontaktdaten?*
- *Mit welchen anderen Websites ist sie verlinkt? Ist die Website aktuell und gepflegt?*

Ein wichtiger Hinweis auf die Verlässlichkeit von Informationen aus dem Internet sind die Angaben zu den AutorInnen der Beiträge (Boeglin, 2007):

- *Sind sie namentlich genannt?*
- *Welche Qualifikationen sind angegeben? Gibt es Publikationslisten?*
- *Gibt es aktuelle Links zu Instituten, Quellen oder persönlichen Homepages?*

Um Internetquellen später in Ihrer Arbeit wissenschaftlich verwenden zu können, notieren Sie sich immer den kompletten „url", also den kompletten Link zu Ihrer Quelle. Was Sie immer angeben müssen, ist das Abrufdatum. Das Internet ist sehr schnelllebig, und was heute noch zu finden war, ist morgen schon nicht mehr online. Zur Sicherheit können Sie sich Screenshots oder die wichtigsten Texte abspeichern.

Literaturberge bewältigen

Besonders wenn Sie sich erst in ein Thema einlesen müssen, sind Sie anfangs oft mit Literaturbergen konfrontiert: Das müssen Sie alles lesen?

Paul K., 38 Jahre, Absolvent des Diplom-Lehrgangs zum Kulturmanager: Bei der Recherche für die Abschlussarbeit habe ich oft den Fokus auf das Wesentliche verloren und bin weit abgedriftet. Irgendwann bekam ich das Gefühl, das alles nicht mehr unter einen Hut bringen zu können. Deswegen habe ich mir mein Arbeitsziel skizziert, gut sichtbar aufgehängt und konnte mir so mein Ziel stets in Erinnerung rufen.

Wie managen Sie solche Literaturberge? Sie müssen dicke Fachbücher nicht von vorne bis hinten durchlesen und auch noch alle Homepages zum Thema komplett durchgeklickt haben. Nützen Sie die Querlesetechnik (siehe Seite 70) SQR und die erweiterte Form SQ3R (siehe Seite 117), um mit Ihren Quellenbergen effizient zu arbeiten. Beginnen Sie mit den neuesten Arbeiten, nicht mit den uralten Basisliteratur-Wälzern. In neuen Reviews und Zusammenfassungen wird nach wie vor wichtige Grundlagenliteratur ohnehin zitiert.

Leseclustering

Wenn Sie sich einen Überblick verschafft haben, lesen Sie nie ohne Fragen im Hinterkopf. Sie wollen ja Literatur nicht nur wiedergeben, sondern zur Beantwortung Ihrer Fragestellung verwenden.

Judith Wolfsberger (Wolfsberger, 2007) empfiehlt dazu ein Leseclustering:

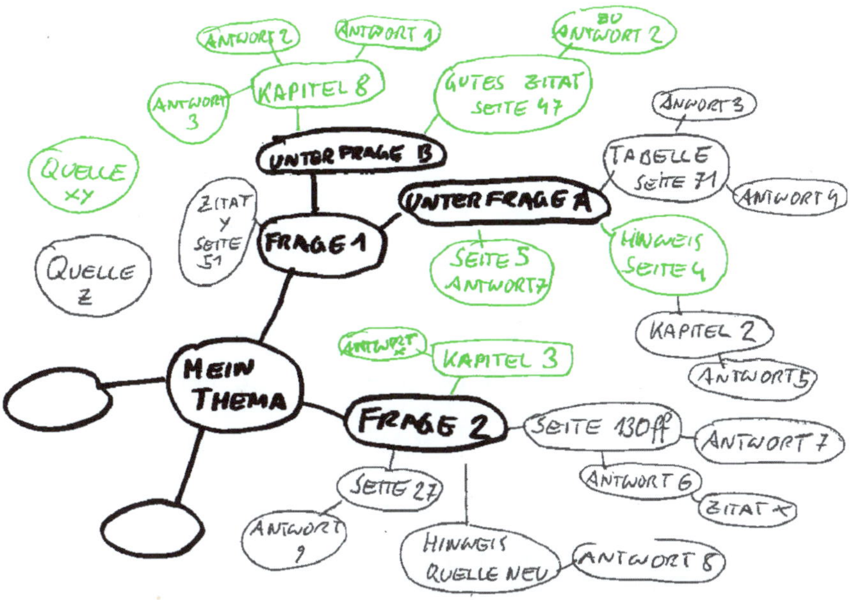

Anhand eines Leserclusterings erarbeiten Sie sich die Antworten auf Ihre Fragestellung aus der Literatur heraus, statt Literatur nur wiederzugeben. Das Leseclustering nehmen Sie als Grundlage für Ihre Rohtexte. Je ausführlicher Sie es mit Zutaten und Literaturangaben spicken, desto weniger müssen Sie später beim Schreiben nachschlagen oder nachlesen. Das erleichtert Ihnen das Paraphrasieren und Umformulieren in eigene Worte immens.

Entscheidungsmatrix

Als Entscheidungshilfe kann eine Matrix dienen. Wählen Sie dazu vorab Kriterien, die für Sie wichtig sind. Bei einer Literaturarbeit werden Sie auf „Klassiker" nicht verzichten wollen, während Sie für die Beschreibung eines aktuellen Projekts möglicherweise darauf achten möchten, aus welchem Jahr Publikationen stammen. Welche Bücher werden von KursleiterInnen, oder KollegInnen empfohlen?

Beurteilen Sie jede Quelle anhand der einzelnen Kriterien. Vergeben Sie Punkte von 1 bis 10 oder beurteilen Sie nach dem Schulnotenprinzip.

Ein Beispiel für eine Entscheidungsmatrix:

Quelle	Aktualität	Verlässlichkeit	Relevanz	Übersichtlichkeit	insg.
Lehrbuch „Titel“	5	8	10	9	32
Abc, D. & Efg, H (2006). mögliche Publikation	10	10	6	3	29
www.internetseite.org	8	2	8	7	25
Vorlesung „Titel“	10	10	10	0	30

Für die Auswertung können Sie die einzelnen Kriterien unterschiedlich gewichten. Ist etwa Aktualität besonders wichtig, multiplizieren Sie die entsprechenden Werte mit 2.

Jetzt können Sie reinen Gewissens die Quellen mit den niedrigsten Werten aus Ihrer Literaturliste streichen. Behandeln Sie zunächst die Informationsquellen mit den höchsten Punktezahlen.

Haben Sie nun die Texte definiert, die Sie lesen wollen, beginnen Sie wenn möglich mit Überblicksarbeiten, Reviews oder Sekundär-Literatur neueren Datums. Das hilft Ihnen, sich in das Thema einzulesen.

Brigitte P., 42 Jahre, Absolventin des Diplomlehrgangs „Lernberatung“: Um „blinde Flecken“ zu vermeiden habe ich versucht, im Vorfeld möglichst viel zu meinem Abschlussarbeits-Thema zu lesen. Zusätzlich halfen mir Treffen mit Kurskollegen, bei denen wir über die verschiedenen Themenaspekte diskutiert haben.

Literaturstopp

Verordnen Sie sich selber nach einer bestimmten Zeit einen „Literaturstopp“: Am besten hat sich bewährt, sich für diese erste Phase der Recherche einen gewissen Zeitraum vorzunehmen. Falls man dann noch das Gefühl hat, zu wenig Quellen und Ressourcen gefunden zu haben, können Sie bei der Detailsuche immer noch nachrecherchieren, wenn Sie das Thema vertiefen wollen.

Ideenfindung

Ein Traum ist unerlässlich,
wenn man die Zukunft gestalten will.
Victor Hugo

Thomas M., 49 Jahre, Absolvent des Diplom-Lehrgangs zum Social Media Designer:
Besonders hat mir gefallen, dass das WIFI die Möglichkeit bietet, eigene Fallbeispiele aus meiner beruflichen Praxis in die Abschlussarbeit einbringen zu können.

Egal in welchem Bereich Sie tätig sein werden, Ideen und gute Einfälle sind immer hilfreich, sie füllen Ihr Repertoire an Möglichkeiten auf, selbst wenn am Ende vielleicht nur die besten Einfälle umgesetzt wurden. Nicht nur für inhaltliche Fragestellungen, auch für Anwendung und Methoden sind Ideen gefragt: Neue Methoden, neue Formen des Zusammenarbeitens, neue Arten und Techniken oder neue Kommunikationsformen anzuwenden, kann neue Erkenntnisse und tiefere Einblicke in einen Fachbereich bringen.

Es zahlt sich also aus, sich die Zeit zu nehmen, um „Ideen zu finden".

Gute Ideen verstecken sich überall, wahrnehmbar werden sie oft unerwartet: unter der Dusche, bei einem Bier mit KollegInnen, bei einem Spaziergang im Urlaub am Strand.

Ihr Gehirn arbeitet intensiv an Dingen, mit denen Sie sich beschäftigen, auch wenn Sie bewusst ganz woanders sind. Irgendwann fügen sich dann die Dinge unbewusst zu einem Ganzen zusammen und drängen in Ihr Bewusstsein.

Mitunter sind solche Ideen nicht sprachlich ausformuliert bzw. noch verschwommen und schwer zu erfassen. Das liegt daran, dass Ihr Unbewusstes eben nicht nur sprachlich funktioniert, sondern Verknüpfungen auf vielen verschiedenen Sinnesebenen erstellen kann.

Wann finden Sie Ideen?

Ein aktuelles Forschungsthema beschäftigt sich damit, wie „neues Wissen“ und innovative Ideen entstehen. Welche Bedingungen fördern das Entstehen und Wahrnehmen neuer Ideen? Generell sind es Techniken, die auch ganz allgemein zur Steigerung der Kreativität eingesetzt werden können:

- *Geben Sie sich viel Freiheit, Zeit und Raum, indem nichts entstehen muss, aber Platz für Neues ist.*
- *Erlauben Sie sich ohne Einschränkungen und ohne spezifisches Ziel zu sinnieren.*
- *Nützen Sie ein anregendes Ambiente. Finden Sie heraus, was eine kreative stimulierende Atmosphäre für Sie ausmacht – wie Walt Disney mit seinen 3 Arbeitsräumen (siehe Seite 178).*
- *Pflegen Sie einen wertschätzenden Umgang mit all Ihren Ideen, nehmen Sie in der Phase der Ideenfindung Abstand von Kategorien wie „richtig“ oder „falsch“.*
- *Schrauben Sie Ihre Erwartungshaltung nicht zu hoch.*
- *Manchmal kann Zeitdruck stimulierend wirken: Sie wissen, dass Sie in zu kurzer Zeit nichts Perfektes erdenken können, dadurch wird nicht jede unausgereifte Idee sofort von Ihrem Perfektionismus niedergeschmettert.*
- *Kommunikation und konstruktives Feedback beflügeln Ihre Ideen: Tauschen Sie sich mit KollegInnen aus und holen Sie sich Feedback auf gewagte Ideen und Einfälle.*

Wie finden Sie neue Ideen?

Menschen mit einer neuen Idee gelten so lange als Spinner,
bis sich die Sache durchgesetzt hat.
Mark Twain

Die Vergangenheit hat gezeigt, das vieles, was sich Menschen vorstellen konnten, irgendwann machbar wurde – im positiven wie im negativen Sinn. Für innovative Ideen bedeutet das: Wenn Sie sich etwas sehr detailliert vorstellen können, rückt die Umsetzung in greifbare Nähe. Gerade für die Wissenschaft ist die detaillierte Ausarbeitung von Zukunftsvisionen zu konkreten Ideen ein wichtiger Schritt zu neuen Erkenntnissen und Errungenschaften.

Probieren Sie also ruhig in Gedanken Ideen aus, die zunächst absurd oder unrealistisch erscheinen:

- *Bringen Sie Dinge zusammen, die scheinbar ohne Berührungspunkte sind. Wie könnten sie einander beeinflussen?*
- *Stellen Sie sich die „Was wäre, wenn?"-Frage oder visionäre Fragen wie „Was müsste möglich sein, um/damit ...?" oder „Was würde diese Annahme/Theorie beweisen/widerlegen?" etc. und suchen Sie Antworten in einem Brainstorming (siehe Seite 87).*
- *Versuchen Sie assoziativ, statt logisch zu denken, zum Beispiel mittels Clustering (siehe Seite 92).*
- *Zweifeln Sie Erklärungen und Kausalitäten an, die als gegeben betrachtet werden.*
- *Wechseln Sie Sichtweisen und probieren Sie eine neue Perspektive aus, indem Sie Denkmuster anderer Disziplinen auf Ihren Fachbereich anwenden.*

Wichtig ist, am Beginn nicht nur mit wissenschaftlicher Literatur zu arbeiten, sondern alle Quellen einzubeziehen, die etwas mit Ihrem Thema zu tun haben könnten.

Nützen Sie zur Ideenfindung alle Ihnen zu Verfügung stehenden Sinne, genauso wie Sie sie für Ihren Lernprozess einsetzen können. Nützlich für Ihre Ideenfindung ist auch, Ihr Journal und Ihre alten Notizen durchzublättern.

Um Ihre Kreativität anzukurbeln, können Sie zusätzlich

- *eine Weile lang bewusst nicht über Ihr Thema nachdenken, um Distanz und einen frischen Blick zu bekommen.*
- *Musik darüber machen.*
- *Bilder darüber malen.*
- *Ihr Thema personifizieren und sich mit ihm unterhalten.*
- *Gedichte über Ihr Thema schreiben.*

Mindwriting: schreibend denken

Oft entstehen erst beim Schreiben selbst sprachliche Gedanken. Durch das Schreiben können Ideen direkt aufs Papier in Worte fließen. Benutzen Sie die Freewriting-Technik, um „geniale Momente" durch Schreiben auszulösen (siehe Seite 89).

Levy (2002) konstatiert, dass unserem Kopf ununterbrochen neue Gedanken entspringen, wenn sie entsprechend „Raum bekommen“. Genau diesen Raum schaffen persönliche Aufzeichnungen: Sie schreiben hier nur für sich selbst, und das ohne einen bestimmten Zweck. Hier können Sie hören, was Ihre persönliche Stimme sagen will, wenn niemand anderer zuhört. Und sie wird sehr produktiv, wenn Sie sie nicht zwingen, Dinge zu formulieren, die andere von Ihnen hören wollen.

Schreiben Sie so, wie Sie denken

Verwenden Sie eine persönliche Sprache. Beim Mindwriting ist nicht das Schreiben selbst entscheidend. Am wichtigsten ist hier, dass Sie sich selbst beim Denken beobachten. Da Sie nur für sich selbst schreiben, brauchen Sie Ihre Gedanken „nicht auf Hochglanz polieren, damit sie anderen gefallen“ (Levi, 2002). Je authentischer Sie schreiben, desto leichter fließen die Gedanken. Außerdem ist Ihre Alltagssprache verständlich, bildhaft und lebendig.

Facts: 3M Post it.

Chris Baty (2006) gibt in seinem „Novel writing Kit“ viele Tipps, um Ideen für Romane aufs Papier zu bringen. Darin beschreibt er die Erfolgsstory des 3M-Produktes „Post it“: Ursprünglich hatte 3M ForscherInnen beauftragt, einen extrem starken völlig neuen Klebstoff zu entwickeln. Das erste Ergebnis hatte allerdings nur so schwache Klebekräfte, dass es kaum ein Blatt Papier halten konnte. Es dauerte angeblich mehr als 4 Jahre, bevor 3M die geniale Anwendungsmöglichkeit des Klebers für „Post its“ erkannte und damit eine bahnbrechende Erfindung machte, die aus unserem Büroalltag kaum noch wegzudenken ist.

Notieren Sie alle Ideen und Einfälle und Erkenntnisse. Oft stellt sich der Wert einer Idee erst viel später heraus. Mit dem Finden von Ideen ist allerdings noch kein wissenschaftlicher Fortschritt verbunden, der entsteht erst durch gründliche wissenschaftliche Ausarbeitung.

Erich O., 51 Jahre, Absolvent des Diplom-Lehrgangs zum Trainer für Erwachsenenbildung:
Beim Schreiben meiner Abschlussarbeit habe ich auf eine ruhige Umgebung geachtet und habe innerlich mitgesprochen, was ich geschrieben habe, da mir so die Formulierungen leichter fielen.

Fachsprache

Die Sprache in Fachtexten hat eine Besonderheit: Sie ist extrem genau, in jeder Hinsicht:

- ***Zitiert statt plagiiert:*** *In einem Fachtext muss immer ganz klar sein, welche Aussage von wem gemacht wurde: Was sind Ihre Worte? Welche Worte anderer geben Sie wieder? Wo genau können die nachgelesen werden?*
- ***Überprüfbar und belegt:*** *Stellen Sie keine Behauptungen auf, sondern formulieren Sie höchstens Hypothesen oder Theorien. Sie suchen Beweise, sammeln Indizien und Daten und schaffen diese selbst durch Experimente und Studien. Damit alles nachvollziehbar bleibt, wird detailgenau beschrieben und auf Quellen und andere Texte verwiesen.*
- ***Konkret und begrenzt:*** *Wissenschaft ist angeblich eine der langsamsten Methoden des Erkenntnisgewinns, und das spiegelt sich in der Fachsprache wider. Sie definiert jeden Begriff möglichst genau und beleuchtet meist nur einen sehr kleinen Ausschnitt der Wirklichkeit – den aber dafür bis in den kleinsten Winkel. Damit man sich zwischen diesen vielen winzigen Bausteinen orientieren kann, sind sehr präzise Strukturen Texte vorgegeben.*

Eine der auffälligsten Fertigkeiten ist die penible Art des Zitierens.

Literaturquellen zitieren

Wenn Sie Ideen, Gedanken oder Erkenntnisse anderer einfach abschreiben, machen Sie sich des Plagiats schuldig. Darum ist richtiges Zitieren eine der grundlegenden Fähigkeiten, die Sie erlernen müssen. Im Prinzip ist es ganz einfach: Für jeden zitierten Gedanken müssen Sie eine Quellenangabe liefern.

Sie können ***indirekt zitieren,*** indem Sie das, was AutorInnen ausdrücken, in Ihre eigenen Worte fasst, also paraphrasieren (siehe SQR-Methode Seite 70). Trotzdem muss immer klar erkennbar sein, von wo bis wohin der zitierte Gedanke reicht. Wenn Sie mehrere Zitate verschiedener AutorInnen in einen Absatz zusammenbringen, achten Sie darauf, dass klar ist, welcher Gedanke wem zuzuordnen ist.

Die andere Variante ist ***das direkte Zitat.*** Besonders aussagekräftige Passagen übernehmen Sie wortwörtlich in Ihren Text und setzen sie unter Anführungszeichen. Direkte Zitate sollten nicht länger als 2 bis 3 Sätze sein. Binden Sie die Zitate in den Text ein und erläutern ihren Kontext. Aber beachten Sie: „Ein Zitat ist kein Argument und kann auch keine Argumentation ersetzen!!“ (Boeglin, 2007; S. 170) Lassen Sie also Zitate nie für sich allein stehen, sondern verwenden es nur als Illustration Ihrer eigenen Ausführungen.

Sie zitieren

- *um Ihre Ausführungen zu belegen und zu untermauern.*
- *um Beispiele zu bringen.*
- *um Begriffe oder Rahmenbedingungen zu definieren.*
- *als Leseanreiz am Beginn eines Absatzes.*
- *um Ihre Argumentation zu bestärken.*
- *um verschiedene Positionen zu illustrieren und einen Diskurs zu veranschaulichen.*
- *als Ausgangspunkt einer Argumentation.*
- *um fremde Ideen von Ihren eigenen zu unterscheiden.*

Vermeiden Sie Plagiate

Jede wortwörtliche Formulierung, jedes grafisch gestaltete Bild ist urheberrechtlich geschützt. Wenn Sie zitieren, müssen Sie ganz genau darauf hinweisen, wer die UrheberInnen der Formulierung sind und wo die LeserInnen das Zitat finden können. Alles, was Sie zitieren, müssen Sie als Quelle in Ihrer Literaturliste aufscheinen und eindeutig zuordenbar sein.

Schriftliche Arbeiten und Präsentationsprojekte in der Erwachsenenbildung werden oft viel zu umfangreich und damit auch viel zu zeitaufwendig gemacht. Tun Sie sich selbst einen Gefallen und reduzieren Sie sich von Anfang an.

Der Ideentrichter

Unterziehen Sie Ihre gefundene Idee einem Selektionsprozess: innerhalb Ihrer Idee finden Sie interessante Themen. Nachdem Sie sich für eines entschieden haben, reduzieren Sie es weiter auf eine konkrete Frage.

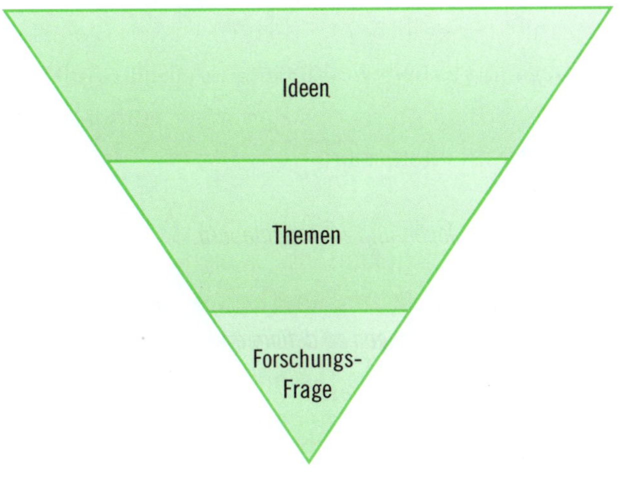

Strukturiert kommunizieren

Egal ob es sich um ein Schreibprojekt, eine Präsentation oder einen Vortrag handelt: die strukturierte Darstellung eines Fach-Themas verlangt einige Elemente, die in einer guten Arbeit immer enthalten sein sollten.

Einleitende Worte

Um Ihr Publikum ins Thema hereinzuholen, brauchen Sie einen guten Einstieg. Darin geben Sie sozusagen die Spielregeln vor, erklären, was ungefähr folgen wird und was nicht. Außerdem helfen Sie Ihrem Auditorium sich zu orientieren und stellen Grundlagen für ein weiteres Verständnis zu Verfügung.

Natürlich soll eine gute Einleitung neugierig machen auf das, was folgt. Darum kehren Sie die Bedeutung des Kommenden heraus und stellen Fragen, die das Publikum interessieren.

Denken Sie auch daran: Viele werden nur Ihre Ankündigung oder Ihre Einleitung lesen, um zu entscheiden, ob sie sich den Rest zumuten wollen. Seien Sie also in Ihrer Einleitung knackig und präzise: Zeigen Sie auf, von welchem Ausgangspunkt Sie wohin reisen wollen und machen Sie neugierig auf das Dazwischen. Da Sie erst am Ende wissen, was alles kommt, schreiben Sie die Einleitung erst zum Schluss.

Spannungsbogen

Wie ein gutes Buch oder ein guter Film braucht auch eine fachliche Darstellung einen Spannungsbogen. Wenn schon ganz am Anfang klar ist, wer der Mörder ist, ist der Rest des Krimis langweilig zu lesen. Wenn am Ende nicht klar ist, wer schuldig ist, verlässt man das Kino mit einem unbefriedigten Gefühl. Ein guter Aufbau steigert die Spannung Stück für Stück, bietet ein Indiz nach dem anderen, das Wichtigste kommt erst kurz vor dem Schluss.

Machen Sie am Anfang klar, worum es Ihnen geht, aber verraten Sie nicht gleich alles. Bauen Sie immer wieder überraschende Bezüge und Wendungen oder Widersprüche ein, um die Aufmerksamkeit nicht absinken zu lassen.

Wichtig ist die Abfolge: Wenn Handlungselemente unlogisch aufeinanderfolgen, wird das Publikum verwirrt und kann dem Handlungsverlauf nicht mehr folgen. Achten Sie darum darauf, dass Ihr roter Faden immer sichtbar bleibt, weisen Sie deswegen aktiv immer wieder darauf hin. Eine gute Strukturierung bietet immer einen Anhaltspunkt, kennzeichnen Sie also die einzelnen Themen oder Handlungsstränge, damit klar ist, wo Sie gerade sind.

Am besten kommt eine Arbeit an, wenn Sie Ihre LeserInnen oder ZuhörerInnen so durch Ihre Arbeit führen, dass sie sich immer sicher und orientiert fühlen. Machen Sie sie auf interessante Ausblicke und Details aufmerksam und gestalten Sie den Weg so, dass er nicht zu anstrengend oder eintönig wird und überraschende Höhepunkte bietet.

Ein krönendes Finale

Ein gutes Ende schließt den Kreis zum Anfang. Hier werden die Fragen, die Sie am Beginn gestellt haben, beantwortet, die Neugier und der Wissensdurst des Publikums gestillt.

Am Ende sollen sich alle einzelnen Details zu einem Ganzen zusammenfügen: Sie zeigen Ihrem Publikum das fertige Bild, die Antworten werden sichtbar. Wie in einem Krimi verstehen jetzt alle, wie und warum der Mord abgelaufen ist. Dieses Aufzeigen von Zusammenhängen und In-Bezug-Setzen von Einzelheiten ist der wichtigste Teil einer fachlichen Arbeit: die Diskussion und Konklusion. Bleiben hier Unklarheiten offen, die nicht angesprochen werden, ist das Publikum unzufrieden.

Eine prägnante Zusammenfassung am Ende einer Arbeit ist unerlässlich. Damit in Erinnerung bleibt, was Sie gesagt haben, wiederholen Sie am Ende die wichtigsten Punkte, dann wird sie Ihr Publikum behalten. Dasselbe gilt für eine schriftliche Arbeit: Beim Querlesen wird oft nur die Zusammenfassung gelesen. Achten Sie also noch mehr als bei der Einleitung darauf, dass alles Wichtige darin vorkommt.

Nützen Sie unterschiedliche Sprachfunktionen

Für Ihre Kommunikation können Sie sich ganz genau überlegen, was Sie bezwecken. Je nach Ihrer Zielsetzung können Sie bewusst Textstellen oder Elemente Ihres Vortrages spezifisch gestalten.

Facts: Sprachfunktionen.
Jakobson definierte 1960 ein Modell über das Zusammenspiel von 6 verschiedenen Sprachfunktionen.

Wann verwenden Sie beim wissenschaftlichen Arbeiten welche Sprachfunktionen?

- *Die **Expressive Funktion** kommt beim Schreiben von Fachtexten nur untergeordnet vor: Hier liegt der Fokus auf Ihnen, Sie drücken Ihre Position oder Meinung als AutorIn aus. Sie verwenden diese Sprachfunktion in Danksagung und Vorwort, aber auch bei Vorträgen und bei der Definition Ihres Ausgangspunktes.*
- *Wichtiger ist die **Konative Funktion:** Hiermit versuchen Sie Ihre AdressatInnen zu überzeugen. Sie finden solche Stellen besonders in Evaluierungen, Diskussionen und Konklusionen, oft auch nur subtil in Argumentationen verborgen.*
- *Die **Referentielle Funktion** spielt die bedeutendste Rolle bei fachlichen Arbeiten, hier stellen Sie den Bezug Ihrer Mitteilung zu Kontext, Welt und Wirklichkeit dar. Sie benötigen diese Sprachfunktion für die Einführung und für die Darstellung von theoretischem Hintergrund sowie zur Diskussion.*
- *Wichtig für die Verständlichkeit ist die **Phatische Funktion.** Hier liegt Ihr Fokus darauf, den Kontakt mit Ihren LeserInnen nicht zu verlieren. Sie führen sie sicher von einem Punkt zum nächsten, sodass sie nie verwirrt sind und immer Klarheit haben, worum es gerade geht. Diese Funktion wird in Einleitungen, Überleitungen und Zusammenfassungen, aber auch in Titel und Überschriften oder Vorworten wesentlich.*
- *Die **Metalinguistische Funktion** macht Ihre Texte fachspezifisch. Sie bringt den Code der jeweiligen Fachsprache zum Ausdruck. Das ist besonders wichtig für spezifische Bedeutungen, Begriffsdefinitionen, Fachausdrücke, aber auch für Tabellen, Darstellungsformen und Argumentations- oder Auswertungsarten.*
- *Die **Poetische Funktion** spielt keine Rolle beim Schreiben von Fachtexten (Versmaß, Gedichte, Lautmalerei).*

Gerade für Schreibprojekte, wo der visuelle und akustische Kommunikationskanal wegfällt und nur sprachlich vermittelt werden kann, ist es wichtig, diese Sprachfunktionen bewusst einzusetzen.

SCHREIBPROJEKTE

Planen und Strukturieren

Zielsetzungen

Bevor Sie daran gehen, ein Thema zu bearbeiten oder ein Projekt zu starten, sollten Sie sich über Ihre persönlichen Zielsetzungen im Klaren sein. Diese sind abhängig vom Thema und Art des Projektes. Genauso wichtig ist aber die Frage, was Sie damit bezwecken.

- *Was wollen Sie persönlich mit dieser Arbeit erreichen?*
- *Wie viel Zeit und Energie wollen Sie investieren?*
- *Wofür werden Sie diese Arbeit verwenden? Was kommt danach?*

Die Erwartungen anderer spielen ebenfalls eine wichtige Rolle. Versuchen Sie sie schon vorher abzuschätzen:

- *Was erwartet Ihr Zielpublikum?*
- *Was interessiert Ihre LeserInnen oder ZuhörerInnen?*
- *Was erwarten Ihre BetreuerInnen und die Personen, die Ihre Leistung bewerten?*
- *Welche Anforderungen stellen Ihre Team-KollegInnen?*

Planen Sie Ihr Schreibprojekt

Ein guter Plan hilft bei der Durchführung eines Schreibprojektes enorm. Wichtig ist, dass Sie sich für alle Phasen Ihres Projektes genug Zeit einteilen.

Schreibprojekte lassen sich in 6 Phasen unterteilen, die alle ungefähr gleich viel Zeit brauchen (siehe Abbildung). Nehmen Sie sich am Beginn genug Zeit für die Findung Ihres Themas und die Entscheidung für eine Gliederung, sonst dauert Ihr Schreib- und Überarbeitungsprozess wesentlich länger.

Trennen Sie, wenn möglich, die Einlesephase vom Rohtextschreiben und die Schreibphase vom Überarbeiten, da sich diese Prozesse gegenseitig behindern.

Phasen eines Schreib-Projektes

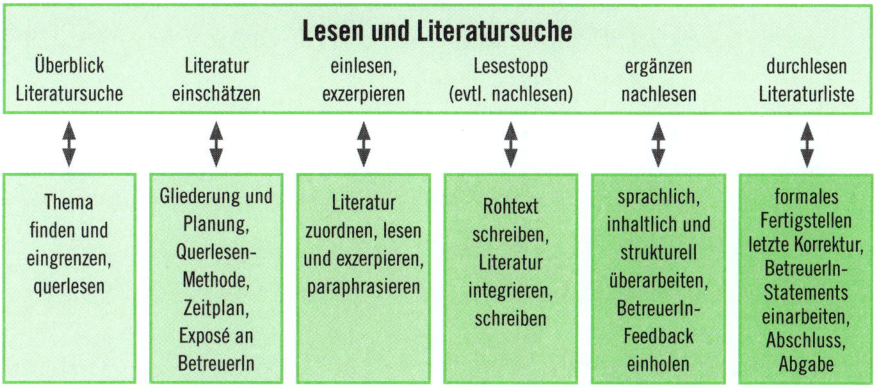

Wann lesen Sie wie?

Im Laufe eines Projektes wenden Sie unterschiedliche Lesetechniken zu unterschiedlichen Zeitpunkten an (siehe Kapitel „Lesen“ ab Seite 70). Sie variieren Ihre Lesegeschwindigkeit je nach Lesezweck. Im Laufe eines Schreibprojekts sollten Sie folgende Lesephasen durchlaufen:

1. ***Überblickslesen:*** *Sie recherchieren welche Literaturressourcen und Quellen Ihnen zu Verfügung stehen, und sammeln Literatur. Mittels Schnelllesetechniken verschaffen Sie sich einen oberflächlichen Einblick in Ihr Thema und Überblick über die vorhandene Literatur.*

2. ***Literatureinschätzung:*** *Nun beurteilen Sie die gefundenen Texte mittels SQR-Lesemethode oder Frage-geleitetem Lesen: Welche Literatur ist für die Beantwortung Ihrer Forschungsfrage brauchbar? Welche nicht? Worüber fehlt Ihnen noch Literatur?*

3. ***Tiefes Einlesen:*** *Entlang Ihrer Gliederung lesen Sie sich jetzt in Ihr Thema ein. Beginnen Sie mit der neuesten Literatur, nicht mit dem dicken veralteten Basiswerk. Notieren und paraphrasieren Sie und reflektieren Sie beim Lesen, am besten schriftlich, dann haben Sie schon viele Teile geschrieben, die Sie verwenden können.*

4. ***Lesestopp:*** *Nach der Hälfte der zu Verfügung stehenden Zeit sollten Sie einen Lesestopp einlegen. In ein interessantes Thema könnten Sie sich endlos weiter vertiefen. Jetzt ist es Zeit, zum Schreiben überzugehen. Maximal kurzes „Hineinlesen“ als Schreibeinstieg ist zu diesem Zeitpunkt erlaubt. Um vom Input zum Output zu kommen, müssen Sie aufhören, immer mehr Informationen nachzulesen, und das in Ihnen gesammelte Wissen herauslassen.*

5. ***Gezieltes Nachlesen:*** *In der ersten Überarbeitungsphase füllen Sie gezielt Ihre Lücken: Sie suchen nach konkreten Antworten in Ihrer Literatur, am besten, indem Sie konkrete Fragen formulieren. In dieser Phase werden Sie Sachverhalte nachlesen und überprüfen und eventuell Zitate einfügen.*
6. ***Durchlesen Ihres Textes:*** *In der letzten Phase wechseln Sie von fremder Literatur zu Ihrem eigenen Text: Mit Distanz durchforsten Sie Ihren eigenen Text als LeserIn und geben sich wohlwollendes Feedback, wie einer guten Freundin, der Sie helfen, ihren Text zu verbessern.*

Exposé

Welcher Art und Größe Ihre Schreibprojekt auch ist: Wenn Sie ein Thema gefunden haben, sollte Ihr erstes Ziel ein Exposé sein. Darin entwerfen Sie eine Kurzdarstellung Ihrer Arbeit. Einerseits können Sie sich damit Ihren BetreuerInnen gegenüber absichern: Wenn sie Ihr Exposé akzeptieren, wissen Sie, dass Sie in die richtige Richtung arbeiten. Auch der geforderte Umfang an Literaturrecherche und Seitenzahl ist somit festgelegt.

Andererseits ist ein Exposé bereits das Grundgerüst Ihrer Arbeit, und die darin enthaltenen Texte können Sie in der Einleitung Ihrer Arbeit verwenden.

In einem Exposé sollte in einzelnen getrennten Abschnitten enthalten sein:

- *ganz kurz Ihre persönliche Motivation.*
- *eine kurze Beschreibung Ihres Themas.*
- *die für Sie spannenden Fragen.*
- *eine kurze Beschreibung Ihrer Arbeit.*
- *Quellenangaben und Literaturliste.*
- *vorläufige Gliederung mit Angabe der Seitenzahlen.*

Schreiben Sie Stück für Stück

Writing is like driving a car at night.
You can see only as far as your headliners,
but you can make the whole trip that way.
Edgar Lawrence Doctorow

Sie können nicht eine ganze Arbeit auf einmal schreiben, sondern nur Seite für Seite. Nehmen Sie sich kleine, überschaubare Texteinheiten vor und nehmen Sie als Schreibeinstieg eine Mindmap oder eine Stichwortliste.

Mit Ihrem Thema haben Sie das Ziel der Reise festgelegt, und Sie wissen, wie und womit Sie es erreichen wollen. Aber bekanntlich führen viele Wege nach Rom. Um sich später ganz auf die Reise durch Ihr Schreibprojekt konzentrieren zu können, macht es Sinn, eine ungefähre Reiseroute zu planen. Zusätzlich teilen Sie Ihre Arbeit auf kurze Zeiteinheiten auf und nutzten diese dafür mit voller Energie bis zum Schluss. Eine gute Gliederung ist wie eine Handlungsanleitung für Ihr Schreiben.

Wolfsberger (2007) hat eine geniale Methode entwickelt, um Ihre Arbeit und Ihren Schreibprozess entlang des roten Fadens Ihrer Forschungsfrage zu strukturieren:

Gliederungs-Clustering

1. *Nehmen Sie Ihre Forschungsfrage als Kernbegriff einer Mindmap und teilen es in 2 bis 3 Unterfragen auf.*

2. *Clustern Sie nun pro Unterfrage alle Teilantworten mit ihren einzelnen Aspekten dazu. Hier merken Sie bereits, ob Sie zu viel in die einzelnen Kapitel hineinpacken möchten oder zu wenig Stoff dazu haben: Ihre Gliederung sollte nicht mehr als 3 Ebenen tief sein, also: Kapitel, Unterkapitel und Detailaspekt.*

3. *Nachdem Sie die Kapitel Einleitung und Diskussion oder Konklusion hinzugefügt haben, folgt die Dimensionierung: Teilen Sie nun die geplante Gesamtseitenzahl auf die einzelnen Unterpunkte auf. Schon haben Sie den riesigen Berg auf kleine thematisch strukturierte Einzelschritte aufgeteilt.*

4. *Im nächsten Schritt fügen Sie Ihre Literaturquellen zu den kleinen Einheiten hinzu. Vermerken Sie möglichst genau, welche Seiten, Abschnitte oder Zitate jeweils für diese Einheit interessant sind. So merken Sie schnell, wo Sie bereits ausreichend Literatur haben und wofür Sie noch Material suchen müssen. Für 10 Seiten Text müssen Sie keine 5 Bücher gelesen haben.*

Danielle B., 24 Jahre, Absolventin des Diplom-Lehrgangs „Berufs- und Bildungsberatung mit Trainingskompetenz“:
Vor dem Verfassen der Abschlussarbeit habe ich ein grobes Gerüst der Inhalte erstellt und musste dieses während des Arbeitsprozesses nur noch „füllen“.

Je detaillierter Sie dieses Clustering ausführen, desto besser können Sie damit arbeiten. Für Ihre Rohtexte nehmen Sie sich jeweils eine kleine Einheit als Thema.

Rohtext schreiben

Nehmen Sie das Gliederungs-Clustering, das Sie soeben erstellt haben, als Ausgangspunkt für Ihren ersten Entwurf. Schreiben Sie zu jedem Punkt Ihres Clusterings spontan einen Rohtext mit der Freewriting-Methode (siehe Seite 89).

Schicken Sie Ihren inneren Zensor auf Urlaub

You have to write badly
in order to write well.
William Faulkner

Ihr innerer Zensor behindert Sie nur in Ihrem produktiven Schaffen. Später beim Überarbeiten werden Sie ihn wieder zurückholen und er wird Ihnen frisch erholt gute Dienste leisten. Seien Sie nicht zu perfektionistisch, sondern bringen Sie erstmal irgendwas aufs Papier – vielleicht mit einem Freewriting. Behandeln Sie Ihren Rohtext liebevoll und fördernd, als wäre er ein kleines Kind.

Sie werden feststellen, das ist gar nicht so leicht. Ihre innere kritische Instanz (Wolfsberger, 2007) weist Sie immer wieder darauf hin, dass Ihre Worte und Sätze noch nicht perfekt sind. Halten Sie sich immer vor Augen: Überarbeiten können Sie später.

Mit Methoden wie Freewriting überlisten Sie Ihren inneren Zensor. Gegen Perfektionismus hilft, mit der Hand zu schreiben: dass diese handschriftlichen Texte so niemand anderer zu lesen bekommt, ist sogar Ihrem Zensor klar.

Shitty first drafts

Just get it down.
You can fix it up later.
Anne Lamott

Erlauben Sie sich, miserable Erstversionen zu schreiben. Aus ihnen wird später ein guter zweiter Entwurf und schließlich ein toller fertiger Text.

Wie aus einem Klumpen Ton oder einem Stück Holz modellieren Sie später die endgültige Form, aber zuerst brauchen Sie genügend Ausgangsmaterial. Das muss erst mal aufs Papier gebracht werden. Kümmern Sie sich jetzt also nicht um die endgültige Form, sondern achten Sie erstmal darauf, wovon Ihr Text generell handeln soll und wie viel Sie ungefähr schreiben wollen.

Einstieg ins Schreiben

Um sich das Losstarten zu erleichtern, machen Sie sich ein „Drehbuch" für Ihren Text: Welche Szenen wollen Sie schreiben? Was soll darin vorkommen? Am besten machen Sie sich ein paar Notizen in einer kleinen Mindmap oder einer Stichwortliste pro Szene. Wenn Sie nicht wissen, wo Sie anfangen sollen, beginnen Sie mit den einfachsten Stellen. Schreiben Sie viele einzelne Kurztexte, die einzelnen Texte können Sie später beim Überarbeiten sinnvoll zusammenmontieren.

Ritualisieren Sie Ihr Schreiben

Schreiben Sie regelmäßig, am besten immer um dieselbe Tageszeit, und suchen Sie sich verschiedene Schreiborte, an denen Sie gut arbeiten können. Rituale zum Schreibeinstieg bringen Sie leichter in einen Schreibfluss. Schreiben Sie sich vorher warm, damit Sie irritierende Gedanken loswerden.

Josef T., 45 Jahre, Absolvent der Fachakademie für angewandte Informatik:
Da ich noch nie eine schriftliche Abschlussarbeit verfasst habe, bin ich anfangs stundenlang vor dem Computer gesessen und habe auf das leere Blatt gestarrt. Ich musste die „Angst vor dem leeren Blatt" gewissermaßen erst überwinden, um mein Fachwissen verschriftlichen zu können.

Überarbeiten

Writing is a complex process rather than a product,
including explaining matters to oneself
and ongoing posting
and answering of questions.
James Britton

Das Schreiben, wie wir es im deutschsprachigen Raum kennen, dreht sich oft ausschließlich um fertige Texte. Schreiben wird oft mit dem Produkt des Schreibens, dem Geschriebenen, dem Text in Verbindung gebracht.

Dabei ist Schreiben eigentlich ein Prozess. Der passiert vor allem in den Wissenschaften noch immer eher im Verborgenen. Niemand Außenstehender weiß genau, was so vor sich geht, wenn ein Text entsteht. Darum rankt sich der Glaube, dass fertige Texte so, wie sie gedruckt aussehen, auf die Welt gekommen sind, fertig ausgewachsen, hübsch formatiert und rausgeputzt, ohne Rechtschreibfehler. Der falsche Eindruck besteht, sie wurden bereits stilvoll und sprachlich ausgereift geboren und die zugehörige Literaturliste kam mit ein paar Nachwehen von selbst hinten nach.

Im angloamerikanischen Kulturraum gibt es eine völlig andere Schreib-Kultur: Hier wird Schreiben als Prozess gesehen, über den ganz offen diskutiert, ja sogar geforscht werden kann. Ganz selbstverständlich gibt es an jeder Universität ein studienübergreifendes Schreibzentrum, wo die verschiedenen Phasen des Schreibprozesses unterrichtet, geübt und erforscht werden. Eigene Seminare beschäftigen sich mit verschiedenen Schreibtechniken oder dem Phänomen der Schreibblockade, des „Writer's Block", genauso wie mit differenzierten Überarbeitungstechniken.

Ein guter Text kommt wie die meisten Dinge nämlich noch sehr unfertig und roh auf die Welt. Wird er genährt und unterstützt, entwickelt er sich schrittweise weiter, durchläuft viele Veränderungen und wächst heran zu einem ausgereiften Endprodukt. Vor dem großen Auftritt als gedrucktes Werk wird er natürlich besonders herausgeputzt.

Schritt für Schritt zum fertigen Text

Beim Überarbeiten ist es wichtig, Schritt für Schritt vorzugehen, Sie ersparen sich so doppelte Arbeit. Außerdem können Sie gezielter vorgehen, wenn Sie nicht versuchen, alles auf einmal zu verbessern. Am besten gehen Sie in 4 Stufen vor:

1. ***Inhaltliche Vervollständigung:*** *Zuerst schauen Sie, ob inhaltlich alles dasteht, was in Ihren Text hineinkommen sollte. Sie ergänzen Fehlendes und streichen Überflüssiges raus, fügen zusätzliche Informationen und Definitionen oder Quellen und Zitate ein.*
2. ***Strukturelle Überarbeitung:*** *Wenn Sie sicher sind, dass alles Notwendige vorhanden ist, bringen Sie die Inhalte in eine sinnvolle Struktur. Ordnen Sie die einzelnen Text-Bausteine entlang Ihres roten Fadens. Schreiben Sie zwischen den Teilen Ein- und Überleitungen und Zusammenfassungen. Peppen Sie die optische Struktur mit Abbildungen, Tabellen und Grafiken auf und fügen Sie Absätze und Überschriften ein.*
3. ***Sprachlicher Feinschliff:*** *Jetzt, wo alles an seinem Platz ist, widmen Sie sich dem sprachlichen Feinschliff und feilen an einzelnen Formulierungen, kürzen Schachtelsätze und suchen die schönsten Ausdrücke. Sie überprüfen, ob Ihre Schreibweise der Fachausdrücke konsistent ist, korrigieren unwissenschaftliche Phrasen und prüfen Ihre Wortwahl hinsichtlich der gewünschten Wirkung.*
4. ***Formale Endkorrekturen:*** *Ganz zum Schluss formatieren Sie Ihren Text einheitlich, beschriften und nummerieren Abbildungen und Tabellen, kontrollieren Ihre Zitate und vervollständigen Ihre Literatur. Sie fügen Inhaltsverzeichnis und Abbildungsverzeichnis ein und lassen eventuell jemanden mit ungetrübtem Blick Ihren Text korrekturlesen, um letzte Rechtschreibfehler auszumerzen.*

Inhaltliche Vervollständigung

Versuchen Sie vor dem Überarbeiten eine Pause einzulegen, um etwas Distanz zum eigenen Text zu bekommen. Denn um Ihren Text objektiv überarbeiten zu können, müssen Sie von der AutorInnenrolle in die einer LeserIn wechseln.

Zum Überarbeiten drücken Sie den Text am besten so aus, dass Sie am Rand Platz haben, um Kommentare dazuzuschreiben. Nützlich ist es auch, sich den Text laut vorzulesen oder vorlesen zu lassen. Konzentrieren Sie sich auf die Verständlichkeit und weniger auf den Inhalt. Ist die Kernaussage des Textes klar und verständlich? Fehlt etwas Wichtiges? Was können Sie ergänzen?

Strukturelle Überarbeitung

Beim Filmemachen sind Bearbeitung und Korrektur
nicht etwa überflüssiges Beiwerk,
sondern unverzichtbare Bestandteile des künstlerischen Schaffensprozesses.
Was wir schließlich auf der Leinwand sehen,
ist nicht das, was gefilmt wurde,
sondern das, was bei der Bearbeitung entstanden ist.
William Irmscher

Wenn Sie sicher sind, dass inhaltlich alles vorhanden und zumindest kurz skizziert ist, beginnt das eigentliche Überarbeiten. Ein guter Text ist wie ein fertiger Film: Erst durch einen guten Schnitt und vielfältige Nachbearbeitung, Hinzufügen von Ton und Filmmusik wird aus dem gedrehten Rohmaterial ein wirklich guter Film. Schreiben funktioniert genauso: Aus Ihren vielen Rohtexten wählen Sie die besten Stellen und Formulierungen aus, streichen Überflüssiges weg, fügen hier und da etwas hinzu und bringen alle Teile in eine stimmige Reihenfolge.

Sie sind damit mitten in dem Prozess des Überarbeitens, der aus Ihrem Rohmaterial das fertige Kunstwerk herausmeißelt. Nun ist die kritische Instanz, die Sie beim Verfassen des Rohtextes verbannt haben, nützlich: Ihr analytischer Blick bringt Ordnung und Struktur und hilft, Ihren Text zu perfektionieren.

Zerschneiden und neu zusammenbauen

Gestalten Sie die Struktur übersichtlich und prägnant:

- *nur ein Gedankengang pro Absatz.*
- *genügend Unterüberschriften einfügen und Titel anpassen.*
- *Aufzählungszeichen statt endloser Wortlisten.*
- *runden Sie die einzelnen Textelemente mit Übergängen, Einleitungen und Zusammenfassungen ab.*
- *lockern Sie den Text mit Fragen auf.*
- *ersetzen Sie doppelte Erklärungen durch Hinweise auf andere Kapitel.*
- *fügen Sie illustrierende Abbildungen, Tabellen oder Graphen ein.*
- *straffen Sie den Text! Sie können alles weglassen, was nicht unbedingt nötig ist.*

Sprachlicher Feinschliff

Ein Satz soll keine überflüssigen Wörter,
ein Absatz keine überflüssigen Sätze enthalten,
wie auch eine Zeichnung keine überflüssigen Striche
und eine Maschine keine überflüssigen Teile enthalten sollte.
Das heißt nicht, dass der Autor nur kurze Sätze schreiben und auf alle Einzelheiten
verzichten muss (...), sondern dass jedes Wort bedeutsam sein soll.
William Strunk

Nachdem Sie Ihren Text strukturell überarbeitet haben, können Sie nun an den sprachlichen Details feilen. Machen Sie Ihren Text besser lesbar, indem Sie die 4 Punkte des Hamburger Verständlichkeitsmodells berücksichtigen (Märtin, 2003):

- ***Einfachheit:*** *Ersetzen Sie lange Wörter durch kürzere und einfachere, erklären Sie Fachwörter. Vermeiden Sie zu viele „Verhauptwortungen". Stellen Sie das Verb an den Anfang, um Sätze verständlicher zu machen. Verwenden Sie aktive Verbkonstruktionen und Infinitive statt Passiv-Formen, vermeiden Sie Hilfszeitwörter.*
- ***Gliederung:*** *Gute Überschriften und Absätze schaffen Struktur, an der sich Ihre LeserInnen anhalten können. Teilen Sie lange Gliedsätze in mehrere kurze Sätze und setzen Sie zwischen lange Satzkonstruktionen kurze Sätze. Vermeiden Sie Schachtelsätze und stellen Sie den Hauptsatz vor den Nebensatz.*
- ***Prägnanz:*** *Streichen Sie so viele Füllwörter und Adjektive wie möglich – weniger ist mehr. Verwenden Sie bildhafte ausdrucksstarke Wörter und finden Sie Synonyme.*
- ***Attraktivität:*** *Formulieren Sie positiv und ersetzen Sie Verneinungen. Illustrieren Sie Ihre Ausführungen mit bildhaften Metaphern und Abbildungen oder Tabellen. Fügen Sie passende Vergleiche, Zitate und Fallbeispiele ein.*

Schreiben ist Kommunikation

Schreiben ist immer Kommunikation mit den LeserInnen. Behalten Sie darum beim Schreiben Ihre LeserInnen im Kopf: Knüpfen Sie ihnen einen roten Faden, entlang dem sie Ihrem Text folgen können. Schreiben Sie Einleitungen und Überleitungen, sodass Ihnen Ihre LeserInnen folgen können, vermeiden Sie Sprünge. Sagen Sie, worauf Sie hinauswollen, kündigen Sie an, was kommt.

Sprechen Sie Ihre AdressatInnen direkt an, um ihre Aufmerksamkeit beim Lesen aufrechtzuerhalten. Machen Sie sie neugierig auf den nächsten Satz indem Sie Fragen aufwerfen und beantworten.

Nehmen Sie Distanz zum eigenen Text ein. Versetzen Sie sich in die Rolle Ihrer LeserInnen: Welches Vorwissen können Sie voraussetzen?

Belegen Sie Ihre Argumente und machen Sie den Kontext für Ihre LeserInnen sichtbar.

Formale Endkorrekturen

Ganz zum Schluss geht es um all die kleinen formalen Details. Informieren Sie sich über die konkreten formalen Anforderungen bei Ihrem/r KursleiterIn.

Kontrollieren Sie genau ...

- *ob alle Zitate mit den korrekten Jahreszahlen versehen sind und zu einem Eintrag in der Literaturliste passen.*
- *ob sich Ihre Zitierweise korrekt und einheitlich durch den ganzen Text zieht.*
- *ob alle Tabellen und Abbildungen ordentlich beschriftet und durchnummeriert sind.*
- *ob Ihre Kapitelnummerierungen stimmen und die Formatierung Ihrer Überschriften einheitlich ist.*
- *ob die Seitenangaben im Inhaltsverzeichnis und bei Querverweisen stimmen.*

Karim C., **28 Jahre, Absolvent des Diplom-Lehrgangs „Eventmanagement":**
Durch gegenseitiges Korrekturlesen wurden mir bei einigen Punkten meiner Abschlussarbeit „blinde Flecken" aufgezeigt, die mir ohne meinen Kurskollegen nicht aufgefallen wären.

Abschließen

Feedback einholen

Nützen Sie das Feedback anderer, bilden Sie Teams zum Überarbeiten und lassen Sie den Text korrekturlesen. Jemand, der nicht so „betriebsblind" vom Schreiben ist wie Sie, erkennt viel zielsicherer, was an Ihrem Text noch verbessert werden kann.

Durch die Außensicht verschiedener Perspektiven bekommen Sie erst einen Eindruck davon, wie Ihre Aussagen ankommen und welche Informationen tatsächlich im Text stecken und nicht nur von Ihnen zwischen den Zeilen gesehen werden.

Holen Sie sich konstruktives Feedback von wohlwollenden LeserInnen ein. Stellen Sie dafür konkrete Fragen, um konkrete Tipps und Anregungen zum Weiterarbeiten zu bekommen. Vermeiden Sie aber, dass „MiesmacherInnen" und überkritische Personen Ihre Texte kommentieren – das frustriert Sie mehr, als dass es Sie weiterbringt.

Nehmen Sie andererseits nicht jede Anregung als Kritik auf: Ihr Text wird nur besser, indem Sie Lücken bemerken, Schwachstellen auffüllen und Schwammiges präzisieren. Sie müssen auch nicht jede Anregung aufnehmen: Feedback ist ein Angebot, Sie entscheiden, wie und ob Sie es in Ihre Arbeit einfließen lassen.

Setzen Sie einen Schlussstrich

Aus jedem Rohtext können Sie viele unterschiedliche Texte formen. Wann ein Text „fertig“ ist, bestimmen Sie: Es gibt keinen „richtigen“ Punkt, an dem ein Text perfekt ist! Sie können bis in alle Ewigkeit an einem Text feilen – je nachdem, wie hoch Sie Ihren Anspruch schrauben, werden Sie ihn nie fertigstellen. Ein Ende finden ist nicht leicht: Es fordert Mut und Selbstvertrauen, die Arbeit an einem Text abzuschließen, und ihn in den öffentlichen Diskurs zu entlassen.

Gut ist auch, wenn Sie sich zwischen den einzelnen Überarbeitungsschritten Feedback holen und schon in die Überarbeitung einbauen. Denn so verhindern Sie mit einiger Wahrscheinlichkeit, am Ende noch einmal alles ganz umschreiben zu müssen.

was tun wenn ...

... Sie nicht wissen, wo Sie beginnen sollen?

- *Engen Sie Ihr Thema noch weiter ein!*
- *Teilen Sie Ihre Gliederung in immer kleinere Stücke.*
- *Beginnen Sie mit den einfachsten Teilen und schreiben Sie die leichtesten Stellen zuerst!*
- *Machen Sie ein Clustering zu einem beliebigen Punkt Ihrer Gliederung und verwenden Sie es als Einstieg für ein Freewriting.*
- *Stellen Sie Fragen zu jedem Bereich, über den Sie schreiben wollen, und beantworten Sie sie nacheinander.*
- *Hören Sie nicht am Ende eines Kapitels auf, sondern schreiben Sie noch den ersten Satz oder Gedanken vom nächsten Teil, dann fällt das Wiedereinsteigen leichter!*

... Sie eine Schreibblockade haben?

- *Schreiben Sie darüber, warum Sie sich beim Schreiben blockiert fühlen, das befreit!*
- *Verkürzen Sie Ihre Schreibzeiten drastisch!*
- *Schreiben Sie immer nur ein ganz kleines Stück pro Arbeitseinheit.*
- *Erlauben Sie sich unfertige, schlechte Rohtexte zu schreiben. Sie können Ihren Erstentwurf später überarbeiten.*
- *Verwenden Sie ein Pseudonym: Schreiben Sie als eine andere Person!*
- *Schreiben Sie Ihren Text wie einen Brief an ein bestimmtes Gegenüber.*
- *Wechseln Sie Ihre Schreiborte und Schreibzeiten.*
- *Legen Sie eine Schreibpause ein!*
- *Erzählen Sie Ihren Text einem Tonband und lassen ihn jemand anderen abtippen.*
- *Mit der Hand schreiben überlistet Ihren inneren Zensor.*
- *Machen Sie Bewegung! Hören Sie Musik!*
- *Schreiben Sie etwas Privates, am besten täglich und zur selben Zeit, dann kommen Sie leichter auch ins Schreiben von Fachtexten.*

... Sie Ihren Text noch nicht gut genug finden?

- *Gewinnen Sie Distanz, indem Sie den Text ein paar Tage weglegen.*
- *Überarbeiten Sie in getrennten Schritten: zuerst inhaltlich, dann strukturell, dann sprachlich.*
- *Streichen Sie komplizierte Formulierungen und „entschachteln" Sie Ihre Sätze!*
- *Holen Sie sich Feedback von anderen und arbeiten es ein!*
- *Lesen Ihren Text laut vor, dann erkennen Sie Schwachstellen leichter!*
- *Markieren Sie gute Stellen, auf die können Sie Ihren Text reduzieren!*
- *Finden Sie ein Ende, Sie können jeden Text ewig weiterüberarbeiten!*

Die Themenerarbeitung einer Präsentation oder Rede ist ähnlich wie die einer Schreibarbeit. Der Unterschied ergibt sich erst im nächsten Schritt, der Gestaltung des Produktes. Diesmal adressieren Sie nicht nur eine/n LeserIn, sondern ein größeres Publikum, das nicht liest, sondern zuhört. Rekapitulieren Sie noch einmal kurz für sich selber: Was möchten Sie mit Ihrer Präsentation erreichen? Welche Informationen möchten Sie unbedingt vermitteln? Welchen Eindruck möchten Sie erwecken? Wie möchten Sie auf das Publikum wirken.

Vorbereitung

Rahmenbedingungen

Informieren Sie sich gut über die Voraussetzungen Ihres Vortrages.

Zielgruppe: Wer ist Ihr Publikum? Wie viele Leute werden erwartet? Was ist das Vorwissen der HörerInnen und was erwarten sie von Ihrem Vortrag? Passen Sie Ihre Sprache und das Niveau Ihres Vortrags an Ihr Publikum an. Wenn Sie Ihren ZuhörerInnen nur einen Satz sagen könnten, was müssten sie unbedingt wissen?

Ort: Finden Sie heraus, wo Sie Ihre Präsentation abhalten werden, und besichtigen Sie eventuell den Raum. So können Sie sich während Ihrer Vorbereitung auf den Saal einstellen und eventuelle Besonderheiten berücksichtigen.

Zeit: Wie lange soll der Vortrag sein? Meistens gibt es genaue Zeitvorgaben, üblicherweise wird die Zeit während Präsentationen zu kurz. Stoppen Sie darum unbedingt, wie lange Sie für Ihre Rede brauchen, kalkulieren Sie eventuelle Fragenrunden mit ein und passen die Länge gegebenenfalls an.

Form: Verschiedene Grundvoraussetzungen sind möglich. Halten Sie eine reine Rede oder können Sie sie visuell unterstützen, etwa mit Beamer, Overhead, Tafel oder Flipchart? Wollen Sie auch etwas präsentieren wie ein Produkt oder eine Website oder möchten Sie eine Methode oder ein Experiment vorführen? Planen Sie eine interaktive Übung mit Ihrem Publikum oder Diskussionsrunden?

Steht Ihnen die Gestaltung frei, halten Sie keinen Frontalvortrag, sondern nützen Sie die Chance, Ihre Präsentation abwechslungsreich zu gestalten.

Technische Ausstattung: Sollen Sie Ihren eigenen Laptop mitnehmen oder ist ein Computer vorhanden? Welches Betriebssystem ist installiert und welche Programme sind vorhanden? Organisieren Sie sich eine Fernsteuerung für den Folienwechsel, damit Sie nicht die ganze Zeit hinter Ihrem Computer gefesselt sind.

Wenn Sie Folien auf Ihrem eigenen Computer vorbereiten, achten Sie darauf, die Kompatibilität mit dem Präsentationslaptop abzugleichen. Welches Programm haben Sie verwendet und ist die Datei auch in anderen Programmen zu öffnen? Speichern Sie die Datei gegebenenfalls in verschiedenen Formaten auf Ihrem USB-Stick.

Benötigen Sie für Ihre Präsentation einen Internetzugang oder möchten Sie Filme oder Audiosequenzen abspielen? Überlassen Sie nichts dem Zufall, sondern kontrollieren Sie alle technischen Elemente im Vorfeld.

Ablauf

Bereiten Sie Ihre Präsentation inhaltlich gut vor. Ihre Rede darf ruhig spontan wirken, doch das gelingt nur, wenn Sie sie gut geplant haben.

Platzieren Sie Ihren Schwerpunkt gezielt: Wir erinnern uns besonders gut an die ersten und letzten Elemente einer Liste. Sagen Sie darum die wichtigsten Informationen ganz am Anfang und wiederholen Sie sie nochmals am Ende.

Ein vorgefertigtes Manuskript ermöglicht Ihnen, genau abzuschätzen, wie lange Ihre Rede dauert. Als Faustregel können Sie damit rechnen, dass Sie für 100 Worte etwa 1 Minute Redezeit benötigen.

- ***Begrüßung:*** *Im Unterschied zu schriftlichen Arbeiten ermöglichen Vorträge, das Publikum direkt anzusprechen. Beginnen Sie damit gleich beim Einstieg und begrüßen Sie Ihr Publikum entsprechend. Üblicherweise werden die Gäste in absteigender Reihenfolge begrüßt, erkundigen Sie sich im Vorfeld nach den üblichen Anredeformen. Wenn Sie Titel nennen, dann bei allen erwähnten Personen. Wenn Sie nicht vorgestellt werden, informieren Sie Ihr Publikum selbst kurz über Sie und für den Vortrag relevante Bereiche Ihrer Tätigkeit.*

- ***Einstieg:*** *Sind Sie eine/r von vielen RednerInnen in einer ganzen Reihe von Vorträgen? Knüpfen Sie eventuell an vorige Präsentationen an. So schaffen Sie Kontakt zu VorsprecherInnen und bieten Ihren HörerInnen gleich zu Beginn einen roten Faden.*
- ***Orientierung:*** *Bereiten Sie Ihr Publikum darauf vor, was sie erwartet. Bei längeren Präsentationen ist eine kurze Inhaltsangabe unumgänglich. Beginnen Sie darum mit einer kurzen Vorschau und einem Zeitplan für Ihren Beitrag und weisen Sie während Ihres Vortrags ab und zu auf den Ablauf hin.*
- ***Abschluss:*** *Fassen Sie die wichtigsten Punkte abschließend zusammen und bedanken Sie sich bei Ihrem Publikum. Geben Sie die Möglichkeit, Fragen zu stellen. Vergessen Sie nicht Ihre Kontaktdaten auf die letzte Folie zu setzen, insbesondere wenn Ihre Präsentation online zur Verfügung gestellt wird.*

Stichwortzettel

Ein Stichwortzettel gibt Ihnen Halt und Orientierung während Ihres Vortrags.

Selbst wenn Sie eine Rede schon im Vorhinein ausformulieren, vermeiden Sie es, diesen Text wortwörtlich abzulesen, sondern verwenden Sie während der Rede Ihre eigenen Worte. So wirken Sie authentisch.

Reduzieren Sie Ihren Stichwortzettel auf die wichtigsten Stichworte.

Schreiben Sie Ihre Notizen auf Kärtchen des Formats A5 oder A6. Verwenden Sie lieber Karton als dünnes Papier und beschriften die Kärtchen nur einseitig.

Achten Sie darauf, dass Ihre Stichworte groß und deutlich geschrieben sind. Pro Gedanken oder Abschnitt sollte nur ein Kärtchen verwendet werden. Für die Übersicht können Sie die einzelnen Karten nummerieren.

Sie haben auch das Mindmappen kennengelernt. (siehe Seite 91) Wenn Ihnen diese Visualisierungsmethode liegt, können Sie Ihre Stichworte in dieser Form aufschreiben.

Regieanweisungen

- *Während Ihrer Präsentation sind Sie der Star auf der Bühne. Statten Sie sich selber mit Regieanweisungen aus, um jede Situation gut vorbereitet zu meistern. Notieren Sie, wann Sie Zettel verteilen möchten bzw. bestimmte Übungen geplant haben.*
- *Sie präsentieren im Team? Planen Sie die Reihenfolge der einzelnen Punkte und legen Sie fest, wer welche Stellen übernimmt. Überlegen Sie sich, wie Sie die Übergabe gestalten.*

- *Zuhörende benötigen Pausen, um das Gehörte zu verarbeiten. Gönnen Sie ihnen und Ihrer Stimme immer wieder Pausen. Damit Sie nicht darauf vergessen, können Sie auf Ihren Stichwortzetteln notieren, wo Sie kurze Pausen einlegen möchten.*

Einprägen

Nachdem Sie Ihre Vorträge inhaltlich selber vorbereiten, können Sie sie sich relativ leicht einprägen. Gestalten Sie einen Stichwortzettel in Ihrem Kopf. Lernen Sie nicht ganze Sätze auswendig, sondern prägen sich nur die wichtigsten Aussagen und deren Reihenfolge ein.

Wahrscheinlich wollen Sie sichergehen, dass Sie alle Punkte erwähnen. Die folgenden 3 Merktechniken helfen Ihnen dabei.

Was ist das Stichwort?

SchauspielerInnen haben Strategien entwickelt, wie sie sich ihre langen Texte merken können. Häufig arbeiten sie mit Stichworten: Ein markantes Wort, das ein anderer Schauspieler sagt, dient als Hinweis für den nächsten Satz. Sie können sich auch selber Stichworte geben. Wenn Sie einen wichtigen Satz nicht vergessen möchten, verknüpfen Sie ihn mit einem Wort, das vorher fällt. Erinnern Sie sich an die Basismethode „Assoziieren" (siehe Seite 126) und gestalten Sie die Verknüpfung möglichst merkwürdig. So können Sie sich Stichwort für Stichwort durch Ihren Vortrag hanteln.

LOCI-Technik

Reduzieren Sie Ihren Vortrag auf die wichtigsten Stichworte und verteilen Sie sie mithilfe dieser Mnemotechnik (siehe Kapitel „Merken" ab Seite 139) im Vortragssaal.

Hinweise auf Folien

Sie können Ihre Powerpoint-Präsentation interessanter gestalten, indem Sie hin und wieder auf die nächste Folie hinweisen, bevor Sie sie zeigen. Vielleicht möchten Sie auch eine Frage ans Publikum stellen und diese dann mit der nächsten Folie beantworten?

Sie können auf Ihren Powerpoint-Folien kleine Hinweise wie kleine Symbole verstecken. Erinnern Sie sich so selber an rhetorische Fragen oder wichtige Anmerkungen.

Visuelle Unterstützung

Präsentationsprogramme wie Powerpoint oder Impress werden in der Weiterbildung häufig genützt, darum wird in diesem Kapitel näher auf sie eingegangen.

Sie können verschiedene Medien nützen, um Inhalte visuell darzustellen.

- ***Kurzfristig:*** *Beamer und Overhead ermöglichen einen schnellen Wechsel von Folien.*
- ***Langfristig:*** *Auf Tafel oder Flipchart können wichtige Begriffe länger stehenbleiben.*

Nützen Sie einen Medienmix, um Ihre Nachricht optimal zu übermitteln. Gehäufte Informationen können Sie wahrscheinlich besser mithilfe von Folien präsentieren, während Sie einzelne Schlagwörter vielleicht auf eine Tafel schreiben möchten.

Planen Sie die Struktur

Garr Reynolds (Reynolds, 2008) empfiehlt, Computerpräsentationen analog zu planen: Nehmen Sie Papier und Bleistift zur Hand und skizzieren Sie Ihre Ideen.

Besonders geeignet sind Karteikarten oder Haftnotizzettel: Schieben Sie sie nach Belieben hin und her, bis Sie eine geeignete Sequenz gefunden haben.

Der klassische Folienablauf ist linear:
Mithilfe von Hyperlinks können Sie verschiedene Folien miteinander verknüpfen. Über einen derartigen Link können Sie gezielt eine bestimmte Folie ansteuern.

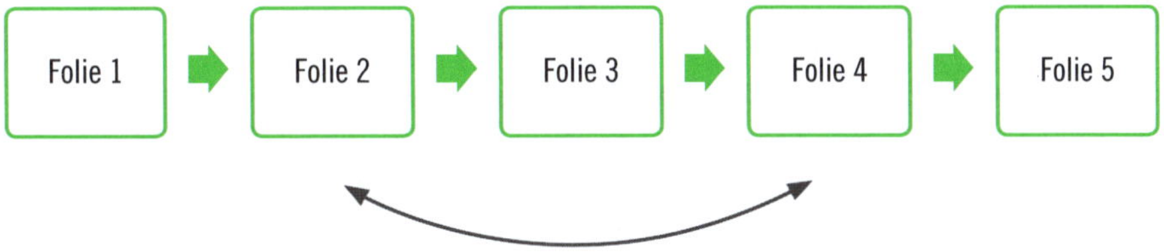

Hyperlinks eröffnen unterschiedliche Möglichkeiten. Sie können beispielsweise Ihre Präsentation sternförmig gestalten und immer wieder zu einer Überblicksfolie zurückkehren.

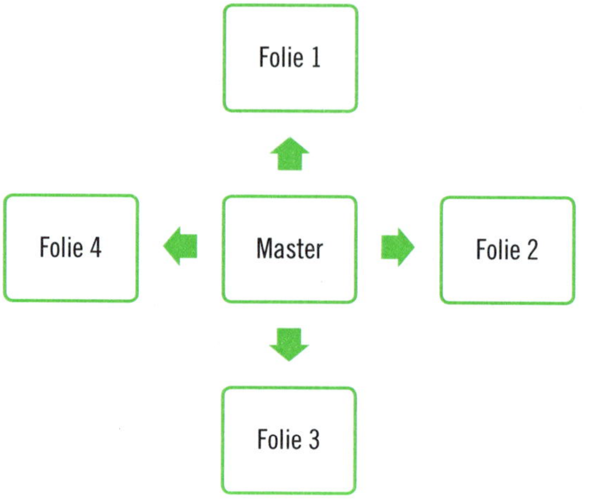

Design der einzelnen Folien

Lassen Sie sich von Beispiel-Präsentationen im Internet inspirieren. Auf www.slideshare.net finden Sie Power-Point-Präsentationen zu verschiedensten Themen.

- *Wählen Sie einen möglichst simplen Hintergrund für Ihre Folien. Fragen Sie für Ihre Präsentationen im WIFI nach dem WIFI-Folienmuster.*
- *Wählen Sie kontrastreiche Farben: optimal ist dunkle Schrift auf hellem Hintergrund, helle Schrift auf dunklem Hintergrund ist nur für dunkle Räume geeignet.*
- *Achten Sie bei den einzelnen Folien darauf, dass genügend Leerraum bestehen bleibt. Weniger ist mehr!*
- *Setzen Sie in kleiner Schrift Ihren Namen an den unteren Rand, um die Urheberrechte zu sichern.*
- *Beachten Sie unsere übliche Blickfolge, von links nach rechts und von oben nach unten, bei der Anordnung der einzelnen Elemente.*
- *Animationen helfen, informationsreiche Folien übersichtlicher zu präsentieren. Folienübergänge können neue Themen einleiten und Kapitel voneinander abgrenzen. Andererseits können sie technische Probleme verursachen und Ihr Publikum ablenken. Setzen Sie sie daher sparsam ein und beschränken sich auf einheitliche Animationsformen.*

Text

Niemand kann gleichzeitig lesen und zuhören. Wenn Sie möchten, dass Ihr Publikum Ihrem Vortrag folgt, dürfen Sie keine Romane auf Ihre Folien setzen. Seien Sie sparsam mit Text und reduzieren Sie ihn auf wichtige Schlagworte.

Ausführlichere Hintergrundinformationen können Sie über Handouts zur Verfügung stellen.

Verwenden Sie maximal 2 verschiedene Schriftarten, damit die Folien nicht zu unruhig werden, und schreiben Sie in Druckschrift. SÄTZE, DIE NUR IN GROSSBUCHSTABEN GESCHRIEBEN SIND, SIND SCHWERER ZU LESEN, *das gilt auch für „verspielte" Schriftarten.*

Wichtige Informationen, die Sie besonders hervorheben möchten, können Sie in größeren Buchstaben schreiben oder fett hervorheben.

Wir neigen dazu, die Worte „nicht", „nein" und „kein" zu überlesen. Unterstreichen Sie sie gegebenenfalls, damit Ihre LeserInnen sie <u>nicht</u> übersehen.

Bilder

Ein Bild sagt mehr als tausend Worte. Verstärken Sie Ihre Botschaft durch passende Abbildungen. Setzen Sie Bilder generell eher in die linke Folienhälfte, Text in die rechte.

Reduzieren Sie den Text, indem Sie stattdessen Bilder und Symbole verwenden.

Viele Folien sind überfüllt mit Aufzählungspunkten. Können Sie die eine oder andere Liste vielleicht bildlich darstellen?

Das Internet ist eine umfassende Quelle für Bildmaterial. Folgende Seiten ermöglichen Ihnen, geeignete Bilder zu suchen, und bieten diese teilweise kostenlos an (achten Sie aber darauf, ob die Verwendung der Bilder urheberrechtlich freigegeben ist):

- *www.flickr.com*
- *www.everystockphoto.com*
- *www.sxc.hu*
- *www.imageafter.com*
- *www.morguefile.com*

Tabellen, Graphen

Daten werden Sie häufig in Form von Tabellen oder Graphen präsentieren wollen. Manchen ZuhörerInnen fällt es möglicherweise schwer, sich in großen Zahlen- und Datenmengen zurechtzufinden, vor allem, wenn sie in kleiner Schriftgröße dargestellt sind.

Reduzieren Sie darum Ihre Tabellen und Graphen auf die entscheidenden Werte. Auch hier gilt: wenn Sie umfassendere Daten oder komplexe Diagramme zur Verfügung stellen möchten, verteilen Sie diese in Handouts.

Die Gestaltung der Tabellen und Graphen sollte so einfach und deutlich wie möglich sein. Vermeiden Sie dreidimensionale Darstellungen und überflüssige Linien. Denken Sie daran, X- und Y-Achse zu beschriften und Einheiten anzugeben.

Ihr Auftritt

Sie sehen, der endgültige Vortrag ist nur ein kleiner Teil einer langen Kette an Vorbereitungen. Jetzt haben Sie die Chance, all Ihre Bemühungen zu präsentieren. Sie sind wie ein/e SchauspielerIn, der/die auf der Bühne ein vorbereitetes Stück abspielt.

Der erste Eindruck bleibt meistens lange hängen und kann die Beurteilung Ihrer gesamten Präsentation beeinflussen. Achten Sie darum darauf, wie Sie auf Ihr Publikum wirken.

Wählen Sie die Kleidung, die Sie während Ihrer Präsentation tragen, bewusst aus. Sie brauchen sich nicht zu verkleiden. Wählen Sie Ihren eigenen Stil, aber passen Sie ihn an die Umgebung an. Selbst wenn Sie nicht täglich im dreiteiligen Anzug herumlaufen: am Sportplatz tragen Sie andere Kleidung als im Restaurant oder eben bei Ihrem Vortrag. Überlegen Sie sich, wie Sie auf Ihr Publikum wirken möchten, und ziehen Sie sich entsprechend an.

Werfen Sie vor Ihrem Auftritt noch einen kontrollierenden Blick in den Spiegel.

Alles da?

Nehmen Sie sich Zeit, um sich vor Ihrer Rede alle wichtigen Punkte noch einmal durch den Kopf gehen zu lassen. Sollten Sie an viele Dinge denken müssen, können Sie sich im Vorfeld eine Checkliste erstellen, die Sie dann der Reihe nach abhaken können.

- ☐ *Getränk bereitstellen*
- ☐ *Folien durchklicken: funktioniert alles?*
- ☐ *Video- und Audiofiles testen*
- ☐ *Notizzettel sortieren und bereitlegen*
- ☐ *Handouts*
- ☐ *Laserpointer*
- ☐ *Fernsteuerung für den Laptop (testen)*

Entspannen Sie sich

Indem Sie zu Ihrem eigenen Auftritt mehr als rechtzeitig anreisen, sichern Sie sich vor dem großen Moment noch ein paar ruhige Minuten. Nützen Sie sie, um sich mental auf den Vortrag vorzubereiten.

Öffnen Sie ein Fenster und atmen Sie tief und ruhig durch die Nase ein und durch den Mund wieder aus. Im Kapitel „Konzentration“ ab Seite 47 finden Sie weitere Tipps zur Entspannung.

Wenn Sie unter Lampenfieber leiden, können Sie die folgende Übung absolvieren:

Alles ist relativ
Setzen Sie sich entspannt hin und schließen eventuell die Augen. Stellen Sie sich vor, wo Sie in einer Stunde sein werden und wie Sie sich fühlen werden. Was ist in der einen Stunde alles passiert? Visualisieren Sie anschließend, wo Sie in 1 Jahr sein werden. Was werden Sie in genau 1 Jahr machen? Welche Ziele, Pläne, Träume werden Sie haben und was haben Sie bis dahin alles erreicht? Träumen Sie anschließend weiter und überlegen Sie sich, wer Sie in 10 Jahren sein werden. Wie haben sich Ihr Umfeld und Ihr Leben mittlerweile verändert? Was ist in der Welt passiert? Können Sie den Tagtraum noch weiterführen und darüber nachdenken, was in 100 Jahren sein wird?

Holen Sie sich anschließend wieder langsam zurück ins Hier und Jetzt und denken Sie der Reihe nach zurück an die einzelnen Stationen: in 10 Jahren, in 1 Jahr, in 1 Stunde.

Angelika L., 35 Jahre, Absolventin des Diplom-Lehrgangs zur Office-Managerin:
Da ich nicht gerne vor Publikum spreche, fiel mir auch die Vorbereitung auf die Präsentation der Abschlussarbeit besonders schwer.

Timo G., 26 Jahre, Absolvent des Diplom-Lehrgangs zum Gastronomiemanager:
Am meisten habe ich die Präsentation der Abschlussarbeit gefürchtet. Auf diesem Gebiet konnte ich noch keinerlei Erfahrungen sammeln, was bei mir zu einer extrem hohen Anspannung geführt hat.

Körperhaltung

Finden Sie bereits vor dem Vortrag eine Körperhaltung, in der Sie sich wohlfühlen. Werden Sie während Ihrer Präsentation stehen oder sitzen?

- ***Wenn Sie sitzen:*** *Setzen Sie sich auf das vorderste Drittel Ihres Sessels und achten Sie auf eine aufrechte Körperhaltung. Haben Sie genug Bewegungsfreiheit, um zu gestikulieren? Verstecken Sie sich nicht hinter Ihrem Laptop, sondern schieben ihn schräg zur Seite, damit Sie freie Sicht aufs Publikum haben.*
- ***Wenn Sie stehen:*** *Suchen Sie sich eine stabile Standposition. Setzen Sie Ihre Beine schulterbreit auf den Boden, Knie leicht gebeugt, und finden Sie Ihr Gleichgewicht, indem Sie Ihren Körper leicht hin und her bewegen. Sie können zum Beispiel kleine kreisende Bewegungen machen, um sich so auf einer angenehmen Standposition einzupendeln, oder sich vorstellen, dass sich ein Faden am Kopf in die Höhe zieht, bis Sie eine aufrechte Position erreicht haben.*
- *Lockern Sie Ihre Arme und untermalen Sie Ihren Vortrag mit zahlreichen Handbewegungen.*

Ruhige Stimme

Ein Schauspieler, der einen aufgeregten, nervösen Charakter spielt, setzt eine entsprechende Stimme ein: hoch, schnell, zittrig. Wie wird die Stimme einer Schauspielerin klingen, die eine kompetente Wissenschaftlerin darstellen möchte? Sprechen Sie bewusst langsam und tief, konzentrieren Sie sich während Ihres Vortrages auf Ihre ruhige Stimme und legen ausreichend Pausen ein.

Kommunikation mit dem Publikum

Sie halten Ihren Vortrag nicht für sich selber, sondern für Ihre ZuhörerInnen. Schon bei der Begrüßung können Sie mit einem Lächeln das Eis brechen und während Ihrer Rede immer wieder das Band zwischen Ihnen und Ihren ZuhörerInnen festigen. Kommunizieren Sie mit Ihrem Publikum: halten Sie Augenkontakt und schenken Sie ihnen Aufmerksamkeit. Sie können einzelne Personen auch persönlich ansprechen oder Ihr Publikum mit rhetorischen Fragen adressieren.

Inkludieren Sie persönliche Erfahrungsberichte und erzählen Sie Ihre Präsentation, als wäre es Ihre eigene Geschichte.

Umgang mit Medien

Drehen Sie Ihrem Publikum nie den Rücken zu. Drehen Sie sich also selber nicht zu der Wand, auf die Ihre Präsentation projiziert wird. Verwenden Sie eventuell einen Laserpointer, um auf Bilder, Graphen oder Tabellen zu weisen. Stellen Sie sich dazu schräg vor das Publikum.

Kündigen Sie wichtige Folien an und weisen Sie darauf hin, dass jetzt entscheidende Daten kommen. Geben Sie den ZuhörerInnen anschließend Zeit, um die Folie zu betrachten und zu lesen.

Sie können die Aufmerksamkeit des Publikums auf einen wichtigen Begriff lenken, indem Sie ihn auf eine Tafel oder Flipchart schreiben. Achten Sie dabei aber darauf, dass Sie nicht gleichzeitig reden und schreiben. Während Sie sich der Tafel zuwenden, kann sich das Publikum nicht verstehen.

was tun wenn ...

... Zwischenfragen gestellt werden

- *Überlegen Sie sich schon im Vorfeld, welche Fragen kommen könnten. Was könnte die ZuhörerInnen besonders interessieren und wo wird vielleicht nachgehakt? Legen Sie sich geeignete Antworten zurecht.*
- *Betrachten Sie Fragen nie als Kritik, sondern beantworten Sie sie, als ob ein neugieriges Kind oder Ihre interessierte Großmutter nachfragt: erklärend, wissend. Lassen Sie sich durch Zwischenfragen nicht in eine Prüfungssituation drängen. Eine Präsentation ist keine Prüfung, sondern Ihre Chance, ein Thema zur Schau zu stellen, bei dem Sie ExpertIn sind.*
- *Zeigen Sie, dass Sie die Frage verstanden haben und dass Sie sie ernst nehmen. Sie*

können sich wichtige Punkte oder Begriffe notieren, während die Frage gestellt wird. Wiederholen Sie die Frage, bevor Sie sie beantworten, sodass das gesamte Publikum die Frage akustisch versteht. Mögliche Phrase: „Lassen Sie mich wiederholen, was Sie soeben sagten."

- *Fragen Sie gegebenenfalls nach, falls Sie eine Frage nicht eindeutig verstehen konnten: „Was meinen Sie mit ...?", „Der Begriff ... kann in diesem Zusammenhang so ausgelegt werden ...".*
- *Falls viele oder unpassende Fragen gestellt werden, können Sie sich überlegen, die Fragen zu notieren und in einem Fragespeicher zu sammeln. Bewahren Sie etwa die Fragen auf Flipchart oder Tafel für die Enddiskussion.*
- *Bieten Sie die Möglichkeit an, einzelne Fragen nach dem Vortrag im Einzelgespräch zu klären oder per Mail zu beantworten.*

... Sie im Vortrag hängenbleiben?

- *Bereiten Sie sich gut vor. Erzählen Sie FreundInnen die Rede im Vorfeld. So haben Sie konkrete Situationen, an die Sie sich erinnern können.*
- *Legen Sie eine kurze Pause ein. Eine kurze Schweigeminute ermöglicht Ihrem Publikum das Gesagte zu verarbeiten. Trinken Sie eventuell einen Schluck Wasser und nützen Sie die Denkpause, um Ihre Gedanken zu sammeln.*
- *Wiederholen Sie den letzten Abschnitt in anderen Worten oder fassen Sie bisher Gesagtes zusammen. Sie können auch den Moment nützen, um besonders wichtige Informationen zu betonen: „Was ich nochmals hervorheben möchte ..."*
- *Stellen Sie eine Frage ans Publikum: „Gibt es soweit irgendwelche Unklarheiten?", „Hat jemand ähnliche Erfahrungen gemacht?".*
- *Werfen Sie einen Blick auf Ihren Stichwortzettel und setzen Sie mit dem nächsten Punkt fort. Lassen Sie einfach die Folie aus, bei der Sie hängengeblieben sind.*
- *Greifen Sie zu Ihrem Manuskript: „Dazu möchte ich kurz etwas vorlesen ..."*

ERFOLGREICH SCHREIBEN

Recherchieren Sie gezielt!

- *Entscheiden Sie sich für Ihr Material*
- *Führen Sie ein Journal*
- *Verwalten Sie Ihre Literatur*
- *Suchen Sie gezielt im Internet*
- *Begrenzen Sie Ihre Recherche*

Arbeiten Sie sachlich!

- *Entscheiden Sie sich für ein Thema*
- *Kommunizieren Sie strukturiert*
- *Zitieren Sie richtig*

UND PRÄSENTIEREN

Verfassen Sie eine schriftliche Arbeit!

- *Planen Sie Ihr Schreibprojekt*
- *Verfassen Sie ein Exposé*
- *Schreiben Sie Stück für Stück*
- *Beginnen Sie mit einem Rohtext*
- *Überarbeiten Sie Ihr Produkt*
- *Holen Sie sich Feedback*
- *Setzen Sie einen Schlussstrich*

Präsentieren Sie sicher!

- *Bereiten Sie sich gut vor*
- *Verfassen Sie einen Stichwortzettel*
- *Setzen Sie die wichtigsten Informationen auf Folien*
- *Entspannen Sie sich und sprechen Sie mit ruhiger Stimme*
- *Kommunizieren Sie mit Ihrem Publikum*

LITERATUR

Ameri, A. (1999) The Effects of Cannabinoids on the Brain. Pharmacology, Biochemistry and Behaviour. 64, 257-260

Anderson, J. R. (2001) Aufmerksamkeit und Leistung. In: Anderson, J. R., Kognitive Psychologie. 3. Auflage, Heidelberg, Berlin: Spektrum, 75-106

Anderson, J. R. (2001) Gedächtnis: Behalten und Abruf. In: Anderson, J. R., Kognitive Psychologie. 3. Auflage, Heidelberg, Berlin: Spektrum, 203-239

APA, American Psychiatric Association (1994) Diagnostic and Statistical Manual of Mental Disorders. 4th edition, Washington, DC: American Psychiatric Association

Aschemann-Pilshofer, B. (2005) Diplomarbeiten in den Geisteswissenschaften: Widersprüche und Wege. Eine empirische Analyse der Barrieren und Hilfestellungen im Diplomarbeitsprozess. Norderstedt: Books on Demand

Bahrick, H.P. (1984) Semantic Memory Content in Permastore: Fifty Years of Memory for Spanish Learned in School. Journal of Experimental Psychology

Bjork, R. A.; Bjork, E. L. (2006) Optimizing Treatment and Instruction: Implications of a New Theory of Disuse. In: Nilsson, L. G.; Ohta, N. (Eds.) Memory and Society. Psychological Perspectives, Psychology Press

Boeglin, M. (2007) Wissenschaftlich arbeiten Schritt für Schritt. Gelassen und effektiv studieren. München: Wilhelm Fink Verlag

Bolker, J. (1997) The Writers´ Home Companion. An Anthology of the Word Best Writing Advice From Keats to Kunitz. New York: Henry Holt and Company

Bolker, J. (1998) How to Write a Dissertation in 15 Minutes a Day. Guide to Starting, Revising, and Finishing your Doctoral Thesis. New York: Henry Holt and Company

Cameron, J. (2003) Von der Kunst des Schreibens und der spielerischen Freude, die Worte fließen zu lassen. München: Knaur

Cameron, J. (2000) Der Weg des Künstlers. Ein spiritueller Pfad zur Aktivierung unserer Kreativität. München: Knaur

Carter, R. (1998) Mapping the Mind. Phoenix

Chan, G. C.; Hinds, T. R.; Impey, S.; Storm, D. R. (1998) Hippocampal Neurotoxicity of D9-Tetrahydrocannabinol. The Journal of Neuroscience, July 15, 1998, 18(14), 5322–5332

Chi, M. T. H.; Glaser, R.; Farr, M. J. (1988) The Nature of Expertise. Lawrence Erlbaum Associates

Coffield, F.; Moseley, D.; Hall, E.; Ecclestone, K. (2004) Learning Styles and Pedagogy in Post-16 Learning: a Systematic and Critical Review. London: Learning and Skills Research

de Groot, A. (1978) Thought and Choice in Chess. Mouton De Gruyter, 2nd edition.

Dilts, R. B. (1994) Strategies of Genius. Volume I: Aristotle, Sherlock Holmes, Walt Disney, Wolfgang Amadeus Mozart. Meta Publications, Capitalo

Eco, U. (2005) Wie man eine wissenschaftliche Abschlussarbeit schreibt. 11. Auflage. Heidelberg: C. F. Müller (WUV Verlag),

Einstein, G. O.; Morris, J. Smith, S. (1985) Notetaking, Individual Differences, and Memory for Lecture Information. Journal of Educational Psychology, 77 (5), October 1985, pp. 522–532

Elbow, P. (1998) Writing with Power. Techniques for Mastering the Writing Process. New York/Oxford: Oxford University Press

Goldberg, N. (2003) Schreiben in Cafés. Berlin: Autorenhaus Verlag

Hebb, D. O. (1949) The Organization of Behavior. New York: Wiley

Jahnke, J. C. (1965) Primacy and Recency Effects in Serial-position Curves of Immediate Recall. Journal of Experimental Psychology 70, 130-2

Jakobsen, R. (1960) Linguistics and Poetics. In: T. Sebeok (Ed.) Style in Language. Cambridge, MA: M.I.T. Press, 1960, pp. 350–377

Kilian, D.; Krismer, R.; Loreck, S.; Sagmeister, A. (2007) Wissensmanagement. Werkzeuge für Praktiker. Linde

Köbler, G.(2007) Altgriechisches Abkunfts- und Wirkungswörterbuch. online unter http://www.koeblergerhard.de/altgriechisch/griech_etym.pdf (abgerufen am 5. März 2009)

Kruse, O. (2002) Keine Angst vor dem leeren Blatt. Ohne Schreibblockaden durchs Studium. 9. Auflage. Frankfurt/New York: Campus,

Lamott, A. (2004) Bird by Bird. Wort für Wort. Anleitung zum Schreiben und Leben als Schriftsteller. Berlin: Autorenhaus Verlag

Levy, M. (2002). Geniale Momente. Revolutionieren Sie Ihr Denken durch persönliche Aufzeichnungen. Zürich/St. Gallen: MidasVerlag

Luchins A. S.; Luchins, E. H. (1970) Wertheimer's Seminar Revisited: Problem Solving and Thinking. Albany, NQ: State University of New York

Märtin, D. (2003) Erfolgreich texten! Für Studium und Beruf. München: Wilhelm Heyne Verlag

Mayer, R. E.; Gallini, J. K. (1990) When Is an Illustration Worth Ten Thousand Words? Journal of Educational Psychology, Vol. 82, No. 4, 715–726

Mayer, R.E. (2001) Multimedia Learning. Cambridge University Press

Millsaps C. L.; Azrin, R. L; Mittenberg, W. (1994) Neuropsychological Effects of Chronic Cannabis Use on the Memory and Intelligence of Adolescents. Journal of Child and Adolescent Substance Abuse, 3, 47–55

Murray, R. (2005) Writing for Academic Journals. Maidenhead: Open University Press-McGraw-Hill, 240 pp

North, V.; Buzan, T. (2001) Get Ahead. Mindmap Your Way to Success. Wien: Krenn Verlag

Paivio, A. (1986) Mental Representations: a Dual Coding Approach. Oxford/England: Oxford University Press

Raugh, M. R.; Atkinson, R. C. (1974) A Mnemonic Method for the Acquisition of a Second-Language Vocabulary. Psychology and Education Series, Technical Report No 224

Reinmann, G.; Eppler, M (2008) Perspektivendiagramm. In: Reinmann, G.; Eppler, M. Wissenswege. Bern: Huber, 75–77

Reynolds, G. (2008) Presentation Zen. Berkley: new riders

Rico, G. (2004) Garantiert schreiben lernen: Sprachliche Kreativität methodisch entwickeln. Ein Intensivkurs auf der Grundlage moderner Gehirnforschung. Hamburg: Rowohlt

Rodgers, J.; Buchanan, T.; Scholey, A. B. et al. (2001) Differential Effects of Ecstasy and Cannabis on Self-reports of Memory Ability: a Web-based Study. Human Psychopharmacology: Clinical and Experimental, 16, 619–625

Roediger, H. L. (1980) The Effectiveness of Four Mnemonics in Ordering Recall. Journal of Experimental Psychology: Human Learning and Memory, Vol 6. No 5, 558–567

Ross, H. S.; Killey, J. C. (1977) The Effect of Questioning on Retention. Child Development

Sanford, E. C. (1982) Professor Sanford's Morning Prayer. In: Neisser, U.; Hyman, I. E. Jr. (Eds) Memory Observed: Remembering in Natural Contexts, 2nd edition, New York: Worth, 137p

Schwartz, R. H. (1991). Heavy Marijuana Use and Recent Memory Impairment. Psychiatric Annals, 21, 80–82

Shors, T. J. (2004) Learning During Stressful Times. Learning and Memory Vol. 11, 137–144

Skinner, B.F. (1991) How to Discover What You Have to Say. In: Bolker, J. (Ed.) (1997) The Writers' Home Companion. An Anthology of the Word Best Writing Advice From Keats to Kunitz. New York: Henry Holt and Company

Slotte, V.; Lonka, K. (1998) Using Notes During Essay-writing: Is it Always Helpful? Educational Psychology, 4, 445–459

Stickgold, R. (2005) Sleep-dependent Memory Consolidation. Nature Vol. 437/27, 1272–1278

Stroop, J. R. (1935) Studies of Interference In Serial Verbal Reactions. Journal of Experimental Psychology

Tulving, E. (1984) Précis of Elements of Episodic Memory. Behavioural and Brain Sciences, 7, 223–268

Unicef Deutschland (2009) Kinder haben Rechte. online unter http://www.unicef.de/fileadmin/content_media/aktionen/F_0015_Kinder_haben_Rechte.pdf (abgerufen am 13. März 2009)

Vester, F. (1975) Denken, lernen, Vergessen. Deutscher Taschenbuchverlag

Warneken, F.; Tomasello, M. (2006) Altruistic Helping in Human Infants and Young Chimpanzees. Science, 31, 1301–1303

Wegner, D. M. (1989) White Bears and Other Unwanted Thoughts: Suppression, Obsession, and the Psychology of Mental Control. New York: Viking/Penguin

Werder, L. v., Schulte-Steineicke, B., Schulte, B. (2001) Weg mit Schreibstörungen und Lesestress: Zur Praxis und Psychologie des Schreib- und Lesecoaching. Hohengehren: Schneider

Wolfsberger, J. (2007) Frei geschrieben. Wien: Böhlau Verlag

Yates, F. A. (1966) The Three Latin Sources for the Classical Art of Memory. In: Yates, F.A. The Art of Memory. London: Pimlico, 17–41

IMPRESSUM

Cover: Marianne Prutsch
Grafische Gestaltung: Moritz Scharf
Texte: Dr. Katharina Turecek, MSc., Mag. Birgit Peterson
Lektorat: Mag. Anne Rainer
Illustrationen: Sibylle Vogel, Cover: istockphoto

Sonderausgabe für die Wirtschaftskammer Österreich
Medieninhaber: Service GmbH der Wirtschaftskammer Österreich
Herstellung, Druck und Bindung: Druckerei Theiss GmbH,
A-9431 St. Stefan

ISBN: 978-3-902110-81-7